WIE KOMMT DIE KUNST INS MUSEUM?

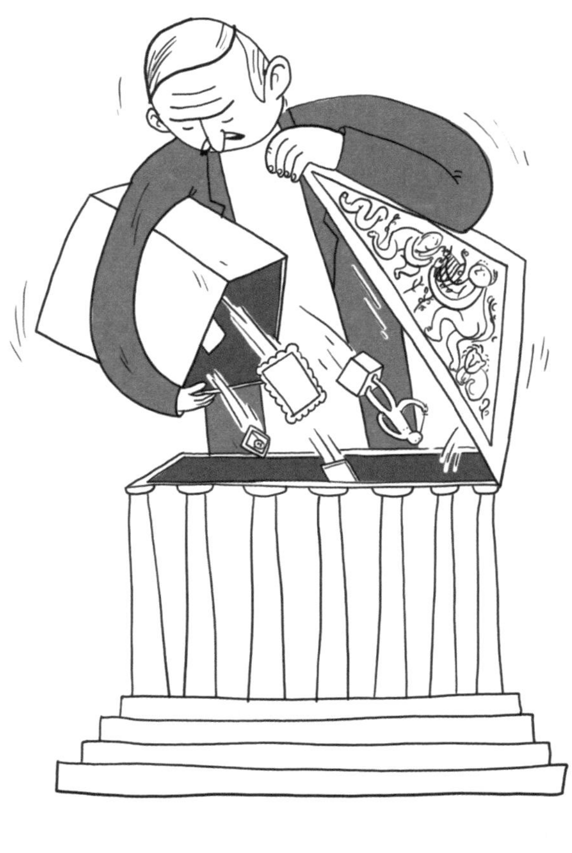

KARL RAUCH VERLAG

ES GIBT VIELE BÜCHER

ÜBER KUNST AUF DIESER WELT...

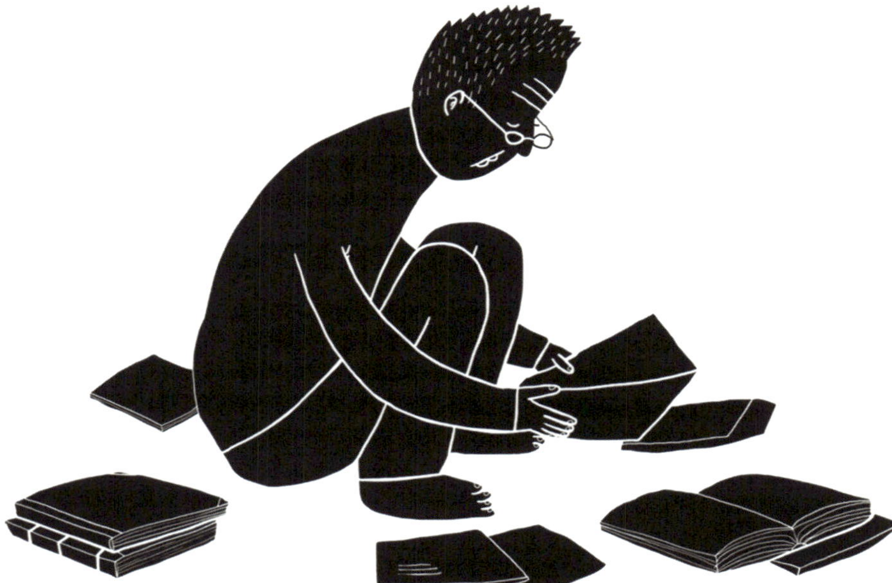

IN EINIGEN KÖNNT IHR ETWAS ÜBER BERÜHMTE MALER ODER BILDHAUER ERFAHREN UND IHRE WERKE KENNEN LERNEN. IN ANDEREN STEHT, WIE SICH DIE KUNST IM LAUFE DER JAHRHUNDERTE ENTWICKELT HAT, IN WIEDER ANDEREN FINDET IHR EINE ANLEITUNG, WIE MAN ETWAS ZEICHNET, MALT ODER MODELLIERT UND DAMIT EIN EIGENES KUNSTWERK ERSCHAFFT. UNSER BUCH IST ANDERS. WIR BEGEBEN UNS GEMEINSAM AN DEN ORT, WO MAN BILDER, SKULPTUREN UND ANDERE KUNSTOBJEKTE MIT EIGENEN AUGEN SEHEN KANN. DIESEN ORT NENNT MAN **MUSEUM**. AUF EIN MUSEUMSGEBÄUDE STOSST IHR IN JEDER GRÖSSEREN STADT ÜBERALL AUF DER WELT. DARIN ARBEITEN MENSCHEN, DIE SICH UM DIESE KUNSTWERKE KÜMMERN UND SIE AUSSTELLEN, DAMIT AUCH ALLE ANDEREN MENSCHEN SIE ANSCHAUEN KÖNNEN. WIR FÜHREN EUCH AUSSERDEM AN ORTE, DIE EIN GEWÖHNLICHER MUSEUMSBESUCHER NICHT ZU SEHEN BEKOMMT, UND WIR STELLEN EUCH AUCH LEUTE VOR, DIE DORT ARBEITEN UND DIE IHR NORMALERWEISE GAR NICHT TREFFEN KÖNNT.

WAS IHR IN DIESEM BUCH FINDET

1. DIE GESCHICHTE DER MUSEEN UND GALERIEN

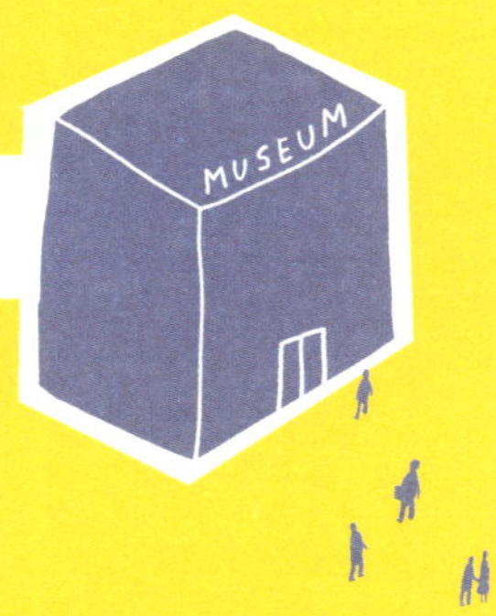

2. WIE EIN MUSEUM FUNKTIONIERT

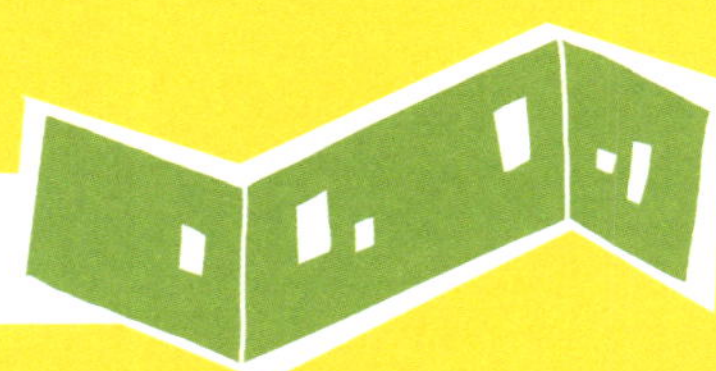

3. WIE EINE AUSSTELLUNG ENTSTEHT

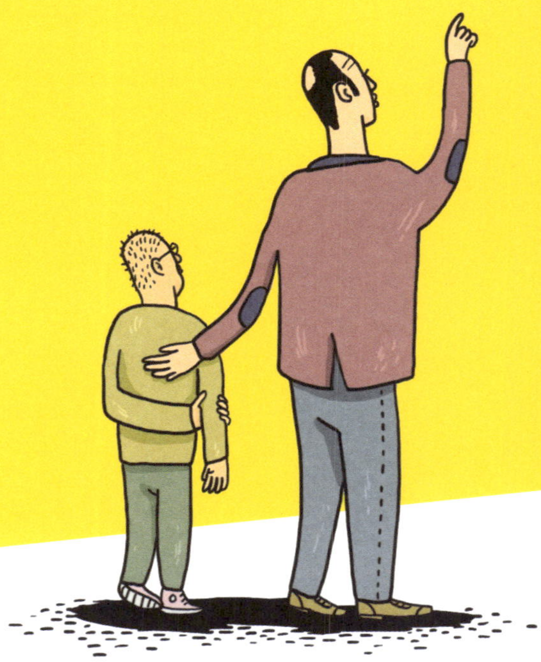

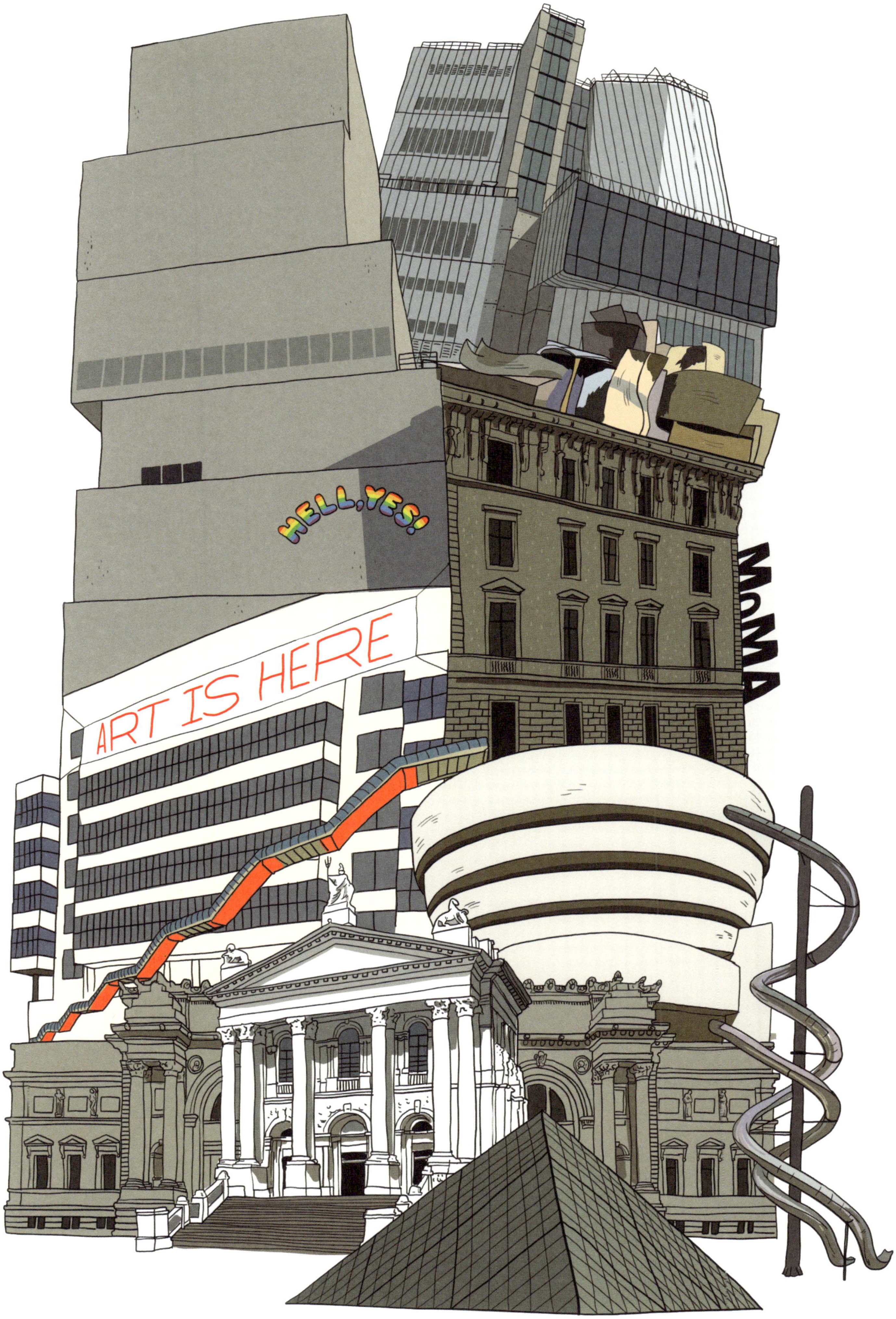
HELL, YES!
ART IS HERE
MoMA

IZI,

ehmen,
er und
usgenommen.
mächtigen
Medici starb,
ufgebaute
u.

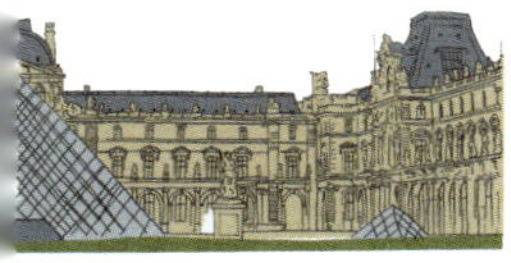

t auf Könige und ihre
ung öffnete das Schloss
ung und gründete dadurch
n des Museums sind heute die
nischen Architekten Ming Pei.

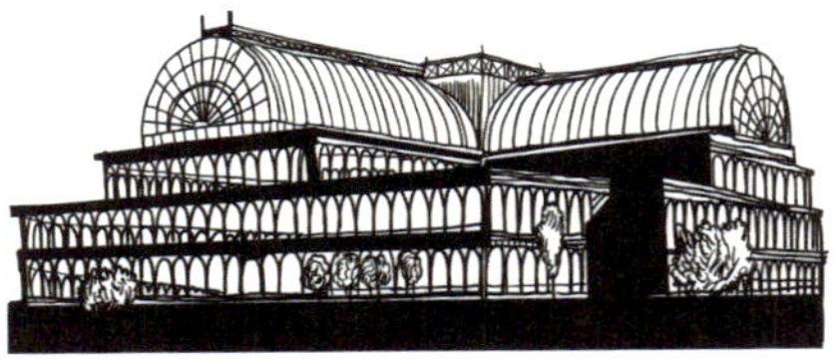

CRYSTAL PALACE, LONDON 1851

Für die allererste Weltausstellung wurde in London der Kristallpalast gebaut, ein in seiner Zeit einzigartiges architektonisches Werk, das kontroverse Reaktionen hervorrief. Auch die Art der Ausstellung war ungewöhnlich: Die Bilder und Skulpturen waren zwischen Dampfmaschinen verteilt.

SALON DES REFUSÉS, PARIS 1863

Als die Jury der französischen akademischen Maler für die Ausstellung im sogenannten Salon, der jährlichen offiziellen Bilderschau, mehr als die Hälfte der eingereichten Werke ablehnte, gab es einen großen Eklat. Schließlich veranstaltete man eine gesonderte Ausstellung mit allen abgelehnten Bildern – denSalon der Abgelehnten. Aus diesem Zusammenstoß der traditionellen mit der neuen Auffassung von Malerei entstand ein eigenständiges Genre, die „Kunstkritik".

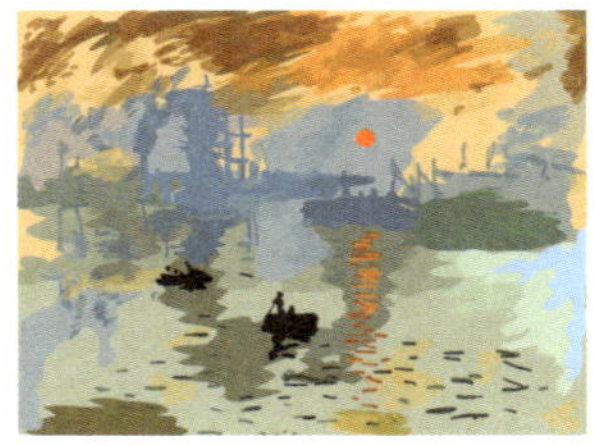

ERSTE AUSSTELLUNG DER IMPRESSIONISTEN, PARIS 1874

Eine Gruppe von Künstlern wollte sich nicht damit abfinden, dass die Jury des Salons entschied, was Kunst ist, und stellte eigene Gemälde in einem Fotoatelier aus. Eines der ausgestellten Werke hieß Impression – Sonnenaufgang. So kam der Impressionismus auf die Welt!

SALON DES INDÉPENDANT[S], PARIS 1884

Die Rebellion gegen die Hal
Salon-Jury gipfelte in der D
eines Salons der Unabhäng
bei dem keine Jury tagte u
Preise verliehen wurden. D
eher belächelten Impressio
erwarben sich nach und na
die Anerkennung der ganze
ihre Werke schmücken heu
der angesehensten Gemäld

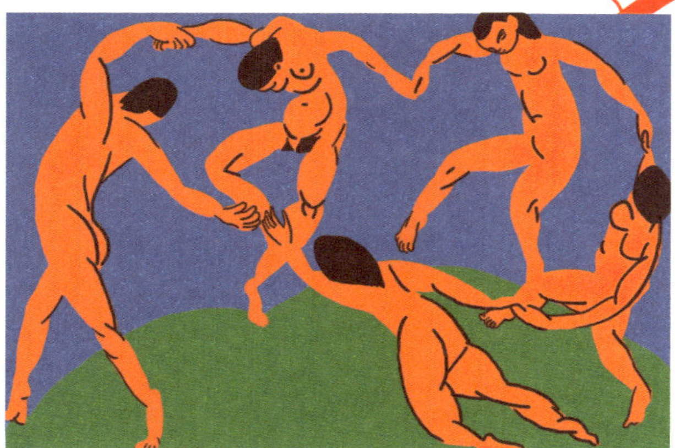

METROPOLITAN MUSEUM OF ART, NEW YORK CITY 1870

Das älteste, größte und angesehenste Museum der Vereinigten Staaten wurde von einer Gruppe von Unternehmern, Bankern und Künstlern mit dem Ziel gegründet, die Werte der traditionellen und modernen Künste der amerikanischen Öffentlichkeit vorzustellen.

DE,

nstmuseum, anders als
gründeten außerdem

EREMITAGE, SANKT PETERSBURG, ZUGÄNGLICH AB 1852

Wenn man mit prachtvollen Kunstwerken Eindruck schinden will, aber gerade keinen geeigneten Künstler zur Hand hat, muss man woanders danach Ausschau halten. Die Zarin Katharina die Große kaufte künstlerische Sammlungen aus ganz Europa auf und schuf so die Grundlage für die größte Gemäldesammlung der Welt. Es ist außerdem das einzige Museum, in dem Katzen wohnen dürfen.

AURITSHUIS, ÖNIGLICHE GEMÄLDEGALERIE, EN HAAG 1822

nig Wilhelm I. schenkte
königliche Sammlung dem
derländischen Staat, um sie
durch allen Niederländern
Verfügung zu stellen.

NATIONAL GALLERY, LONDON 1838

Die Anfänge eines der meistbesuchten Museen der Welt waren eher bescheiden: Es war kein König, der seine Gründung wünschte, sondern die britische Regierung, die als Erstausstattung 38 Bilder kaufte.

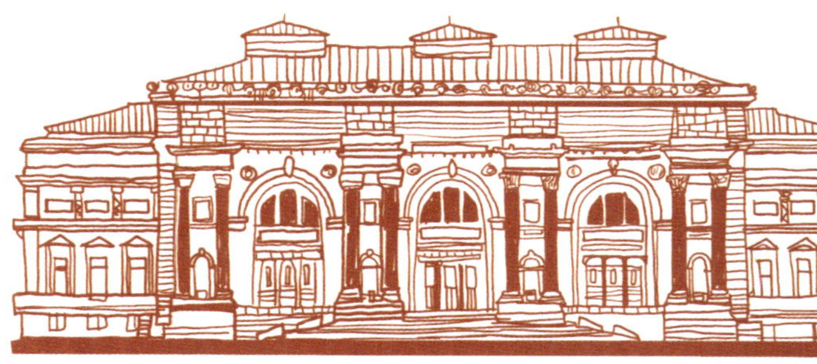

ALTE PINAKOTHEK, MÜNCHEN 1836

Unter den Angehörigen des bayerischen Königsgeschlechtes waren schon seit jeher viele leidenschaftliche Sammler. Über die Jahrhunderte wurden ihre Sammlungen so umfangreich, dass König Ludwig I. von Bayern in München dafür ein neues Museum bauen ließ.

ALTES MUSEUM, BERLIN 1830

Wenn die Menschen schöne Dinge ansehen können, wird ihr Geist reicher und ihre Seele schöner, sagte sich der preußische König Friedrich Wilhelm III., erbaute für seine Untertanen ein Museum und brachte alle seine Sammlungen dorthin.

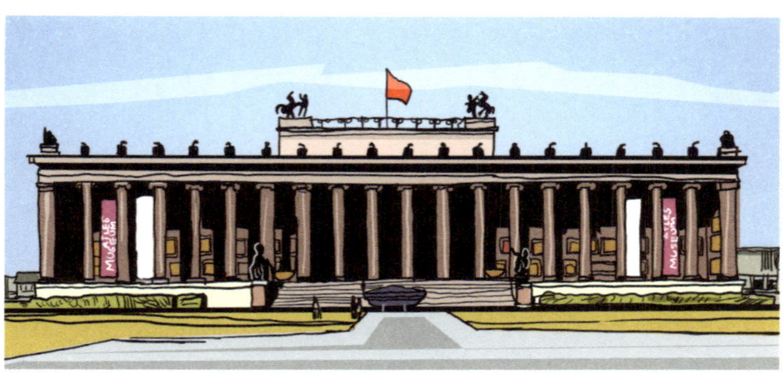

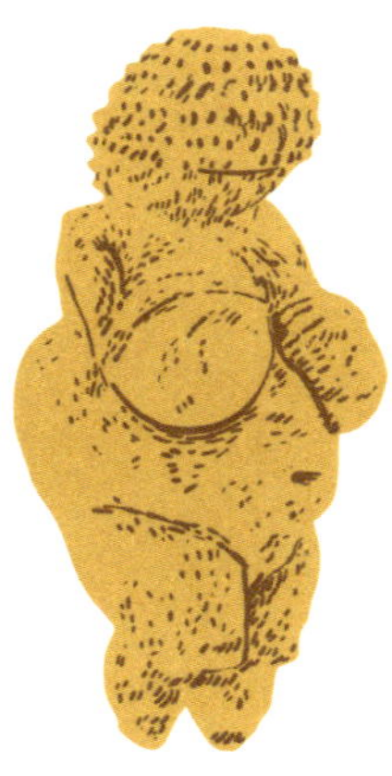

KUNSTHISTORISCHES MUSEUM, WIEN 1891

Die Mauern niederzureißen ist eine Gelegenheit zur Horizonterweiterung. Kaiser Franz Josef I. setzte das bildlich und wortwörtlich um, als er an die Stelle der ehemaligen Festung Wien zwei Museen bauen ließ: ein naturhistorisches und ein kunsthistorisches. Er verlegte seine Sammlungen dorthin, einschließlich der Kollektion alter Meister.

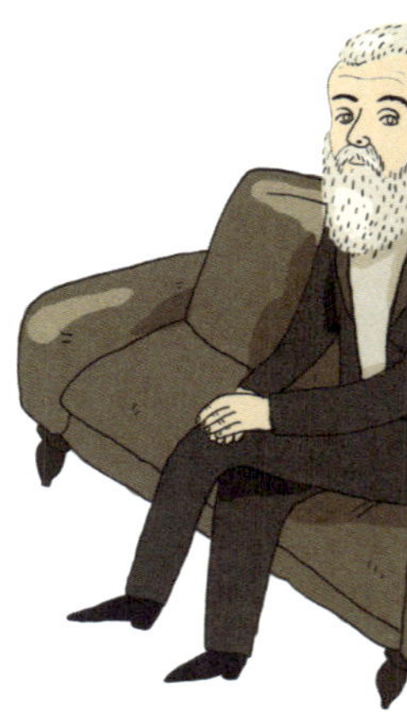

VOM ALLERERSTEN MUSEUM ...

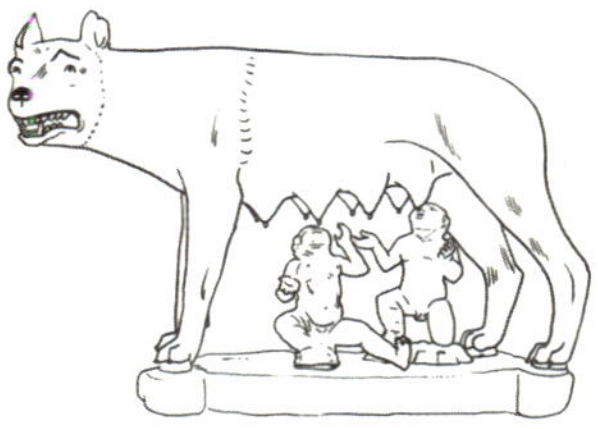

MUSEI CAPITOLINI, ROM 1471

Papst Sixtus IV. schenkte dem römischen Volk eine Kollektion antiker Statuen, die auf dem Kapitolinischen Hügel in Rom aufgestellt wurden. Mit diesem Datum beginnt die Geschichte der Museen und Galerien.

AMERBACH-KABINETT, BASEL 1661

Das Kunstkabinett des Sammlers Basilius Amerbach wurde von der Universität in Obhut genommen und dann für die Öffentlichkeit zugänglich gemacht.

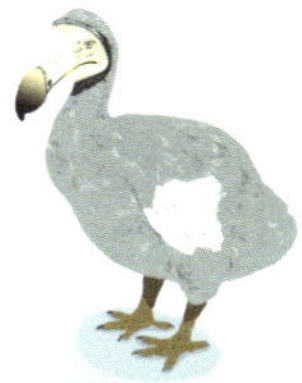

ASHMOLEAN MUSEUM, OXFORD 1683

Der Gelehrte Elias Ashmole schenkte der Universität von Oxford seine Kuriositätensammlung, die geordnet und öffentlich zugänglich gemacht wurde. Sie enthielt auch ein ausgestopftes Exemplar des bereits ausgestorbenen Vogels Dodo, das leider im folgenden Jahrhundert von Motten gefressen wurde.

HERZOG ANTON ULRICH-MUSEUM, BRAUNSCHWEIG 1754

Das erste öffentlich zugängliche Museum auf dem ganzen Kontinent.

GALLERIA DEGLI UFF FLORENZ 1765

Ins Grab kann man nichts mitr besagt ein weiser Spruch. Bild Skulpturen sind davon nicht a Als der letzte Nachkomme des und reichen Geschlechtes der fiel deren über Jahrhunderte Sammlung der Stadt Florenz z

KUNSTKAMMER DER WIENER HOFBURG, WIEN 1563

MUSEI VATICANI, ROM 1506

Manche historischen Ereignisse haben unerwartete Folgen. Ein Beispiel ist die Ausstellung der Statuengruppe Laokoon im Vatikan, die den Grundstein für die berühmten Vatikanischen Museen legte.

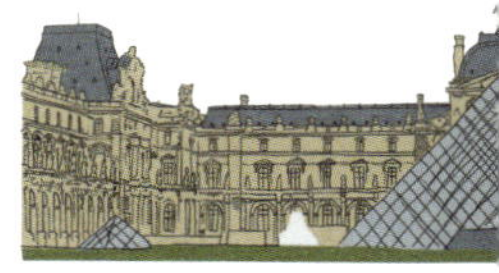

LOUVRE, PARIS 1793

Die Französische Revolution nahm keine Rücksich Besitztümer. Die revolutionäre Nationalversamm des Königs, präsentierte seine reiche Kunstsamm das meistbesuchte Museum der Welt. Attraktione Mona Lisa und die gläserne Pyramide des amerika

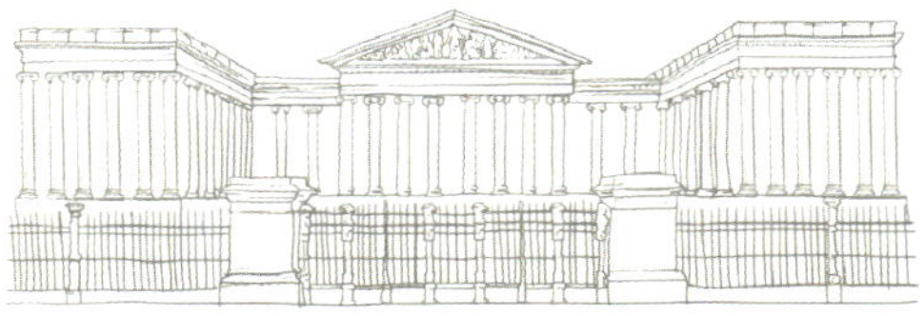

BRITISH MUSEUM, LONDON 1753

Schon zur Zeit seiner Gründung war das Britische Museum ein Vorbild für viele Architekten. Der monumentale Eingang, welcher der Fassade des Dionysostempels nachempfunden ist, entstand aber erst im 19. Jahrhundert.

PRIVATGESELLSCHAFT PATRIOTISCHER KUNSTFREUNI PRAG 1796

In Böhmen wurde das erste öffentliche Ku in Frankreich, von Adligen eröffnet. Diese die Akademie – die Hochschule der Künste

MUSÉES ROYAUX, BRÜSSEL 1799

M
K
D
Kö
die
nie
da
zu

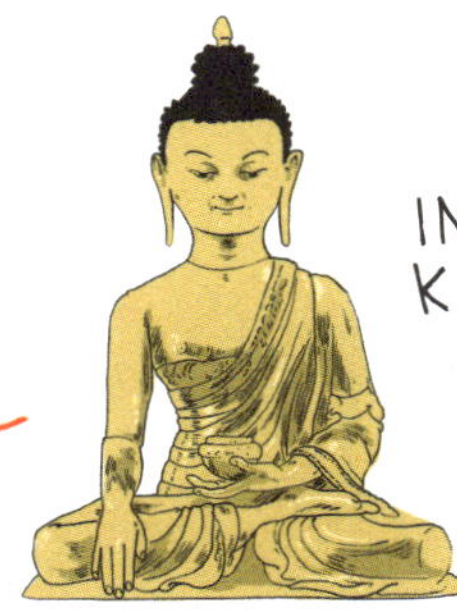

INDIAN MUSEUM, KOLKATA, INDIEN 1814

Das Museum ist eigentlich eine europäische Erfindung, es kam in jener Zeit nach Indien, als das Land von Großbritannien beherrscht wurde.

GALLERIE DELL'ACCADEMIA, VENEDIG 1807

Napoleon Bonaparte erbeutete bei seinen Feldzügen zahlreiche wertvolle Kunstwerke, die heute der Stolz des Louvre sind. Als er aber Norditalien eroberte, beschenkte er die Accademia in Venedig mit Skulpturen und Gemälden aus den lokalen Klöstern und Kirchen.

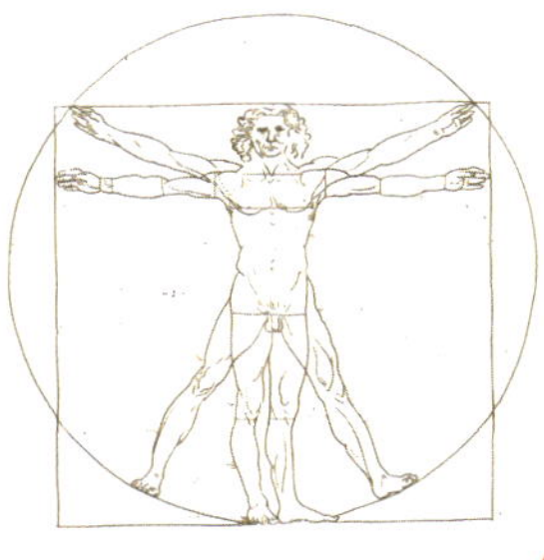

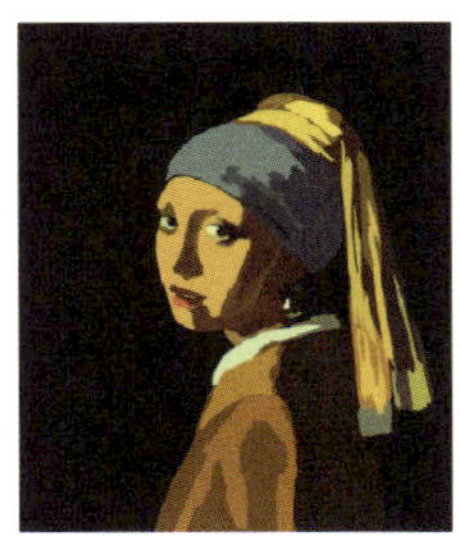

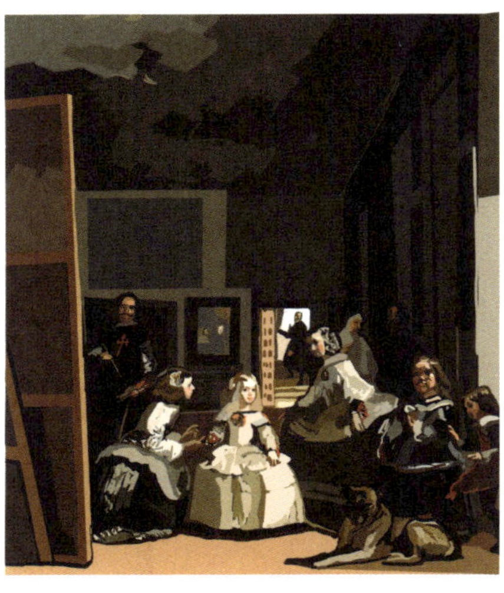

MUSEO DEL PRADO, MADRID 1819

Kein König möchte hinter den anderen zurückstehen, auch wenn es nur um den Ruf seiner einheimischen Maler und Bildhauer geht. Zur Öffnung seiner Kunstsammlungen bewog Kaiser Ferdinand II. vor allem der Wunsch zu beweisen, dass die spanischen Künstler sich gut und gerne mit den italienischen, französischen und niederländischen messen können.

MUSEUMSINSEL BERLIN, BERLIN 1822

Neubau der Museumsinsel nach Bauplänen von Karl-Friedrich Schinkel.

1. DIE GESCHICHTE DER MUSEEN UND GALERIEN

WIE UND WO SIND MUSEEN UND GALERIEN ENTSTANDEN?

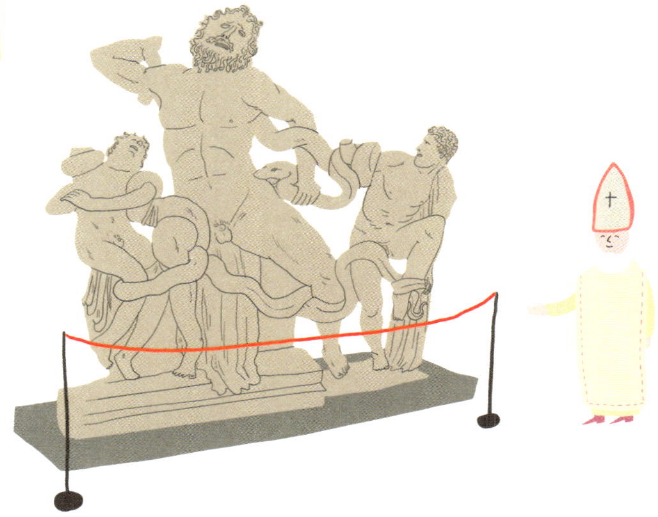

DAS **KUNSTMUSEUM** (BEZIEHUNGSWEISE DIE **GALERIE**) IST KEINE BESONDERS ALTE ERFINDUNG, OBWOHL DAS WORT „MUSEION" AUS DEM ALTGRIECHISCHEN KOMMT. ES BEZEICHNETE DAMALS DEN TEMPEL DER MUSEN – DER GÖTTINNEN, WELCHE KÜNSTLER ZUM SCHREIBEN, DICHTEN, SINGEN UND TANZEN INSPIRIERTEN. MALER, BILDHAUER UND ARCHITEKTEN GEHÖRTEN NOCH NICHT ZU DEN KÜNSTLERN UND MUSSTEN AUF DIE UNTERSTÜTZUNG DURCH DIE MUSEN VERZICHTEN. SIE WURDEN ERST SPÄTER ALS KÜNSTLER VERSTANDEN UND GESCHÄTZT, ALS DIE MENSCHEN IHRE WERKE EBENFALLS SAMMELTEN UND AUFBEWAHRTEN, UM SIE ZU GENIESSEN UND DURCH SIE ETWAS NEUES ZU ERFAHREN.

Die Geschichte der Museen begann im Jahr 1506, als auf einem Weinberg in Rom eine antike Figurengruppe gefunden wurde. Papst Julius II. beauftragte seinen Hofarchitekten Giuliano da Sangallo und einen weiteren Künstler, der bei ihm im Dienst stand – es war kein geringerer als Michelangelo –, zu beurteilen, welchen Wert der Fund habe. Diese erkannten schnell, dass sie eine wahre Kostbarkeit der Bildhauerei vor sich hatten, die Figuren aus der griechischen Mythologie darstellte, nämlich Laokoon und seine Söhne. Der Papst kaufte dem Besitzer des Weinberges die Figurengruppe ab, ließ sie reparieren und im Vatikan ausstellen, damit seine vornehmen Gäste sie bewundern konnten. Und so macht man es im Prinzip bis heute: Ein wertvolles Werk aus der Vergangenheit wird an einen Ort gebracht, wo es restauriert und zu anderen Werken gestellt wird. In Galerien und Museen werden die Kunstschätze der vergangenen Jahrhunderte für alle zugänglich gemacht.

In ganz Europa entstanden Kunst- und Kuriositätenkabinette und dann Gemäldegalerien. Sie hatten am Anfang noch kein großes Publikum. Außer den Sammlern und ihren Freunden kamen vor allem Maler, Bildhauer, Architekten, Schriftsteller, Alchemisten, Erfinder und Gelehrte. Das änderte sich erst nach und nach. Manchmal erzwang es die Öffentlichkeit, dass alle die Werke sehen dürfen, zum Beispiel beim Louvre in Paris. Manchmal öffneten die Adelsfamilien ihre Galerien selbst. Später wurden Museen von Präsidenten und Industriellen gegründet, die bemerkten, welche verbindende Kraft die Kunst hat: Sie kann unterschiedliche Menschen zusammenbringen und ihnen helfen, eine gemeinsame Sprache zu finden.

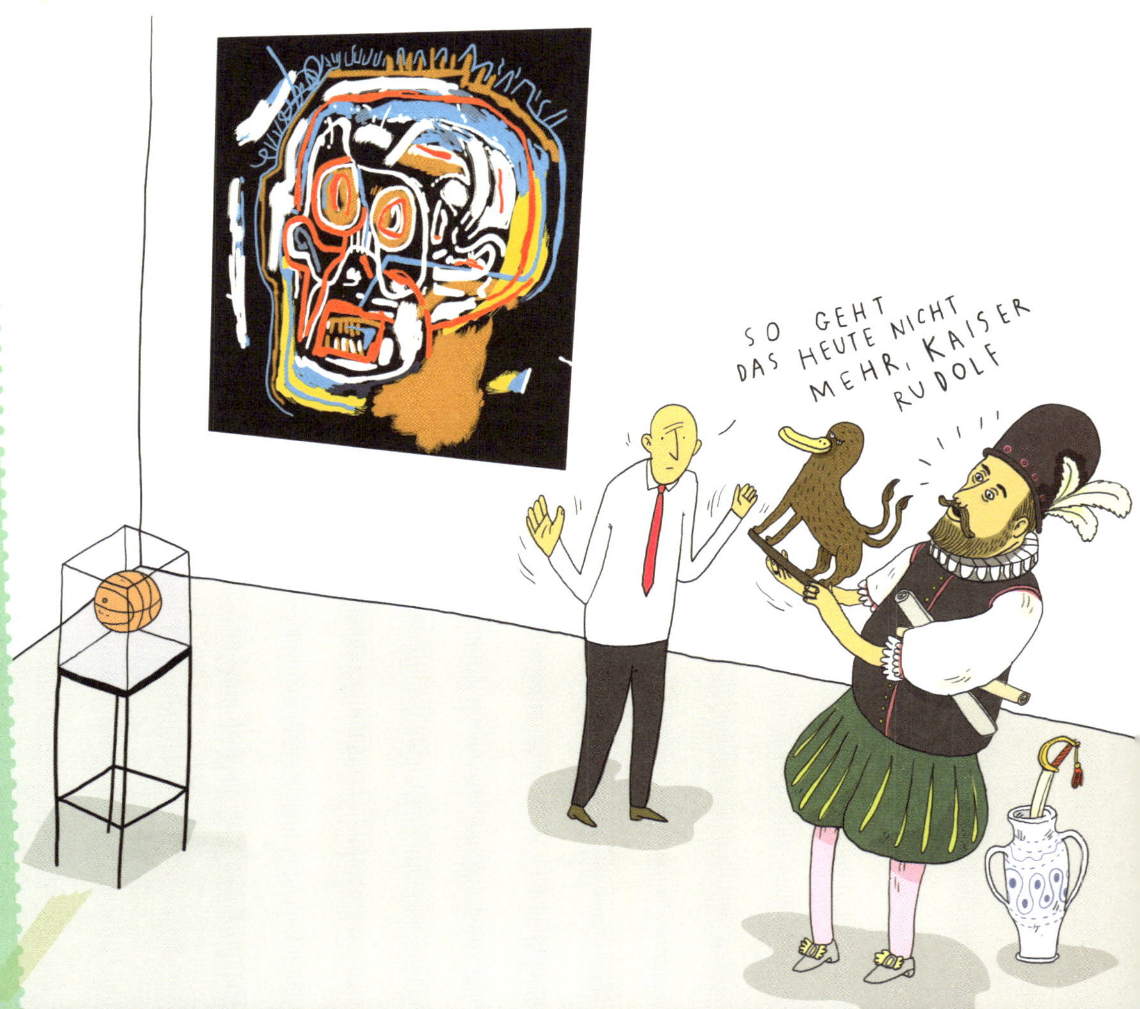

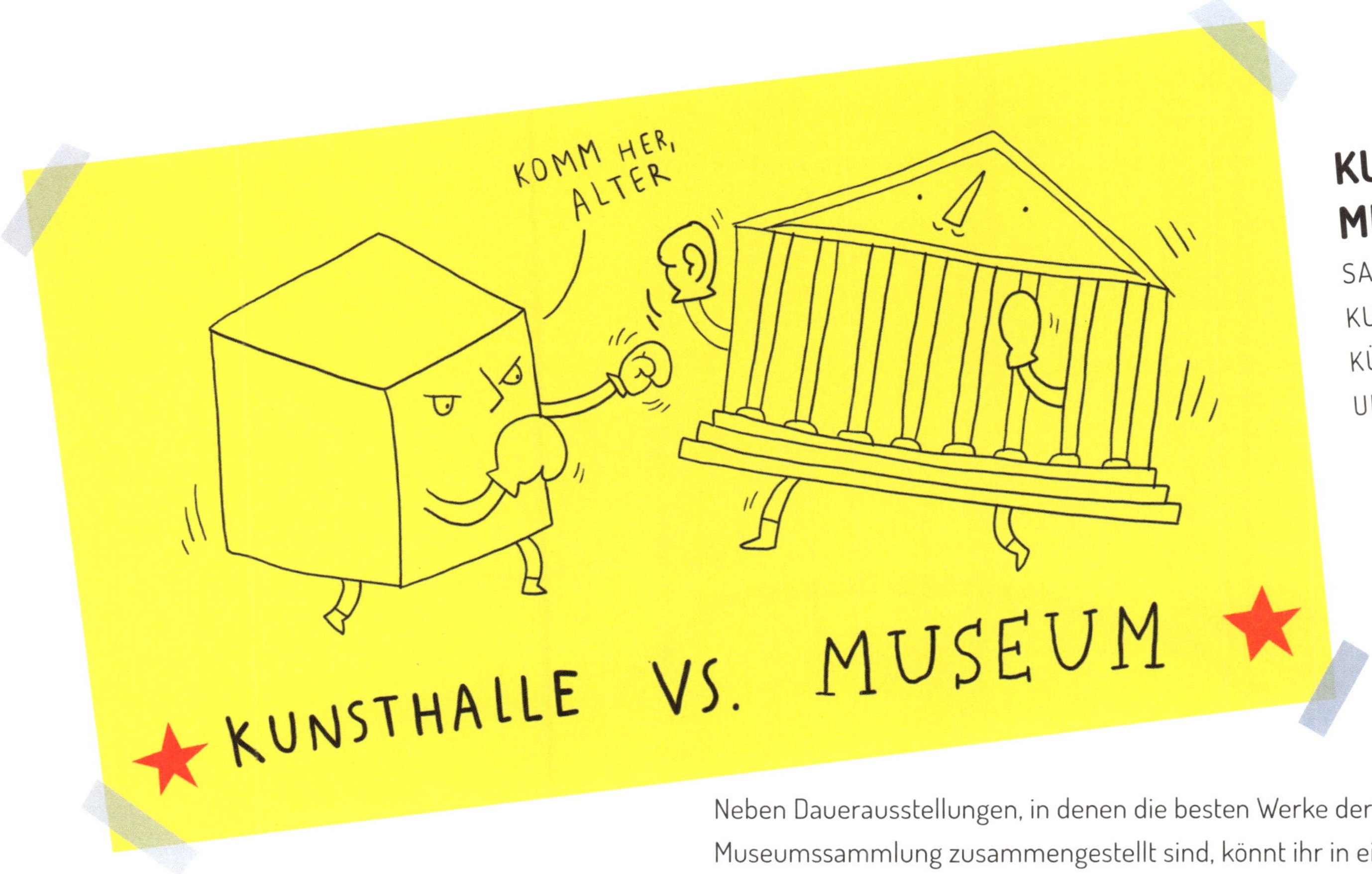

KUNST-MUSEEN
SAMMELN KUNSTWERKE, KÜMMERN SICH UM SIE UND STELLEN SIE AUS

Neben Dauerausstellungen, in denen die besten Werke der Museumssammlung zusammengestellt sind, könnt ihr in einem Museum auch wechselnde Ausstellungen sehen, die sich einzelnen Künstlern, Kunstepochen oder Kunstströmungen widmen.

KUNSTMUSEEN

stellen den Besuchern oft die wertvollsten und beeindruckendsten Werke aus vergangenen Epochen vor. Manche Leute haben ein eher vermodertes, verstaubtes, verrostetes Bild von ihnen. Das ist aber nicht immer berechtigt. Heute schaffen es solche Museen, diese Kunst auf eine Art und Weise auszustellen, die spannend und für alle verständlich ist, sogar für Kinder.

KUNSTHALLEN

Kunsthallen wurden oft von Kunstvereinen gegründet, um einen Ort zu haben, an dem sie die Werke ihrer Mitglieder präsentieren konnten. Anders als Museen haben sie keine eigenen Sammlungen. Die Ausstellungen dauern hier nur einige Monate, und meistens geht es um lebende Künstler.

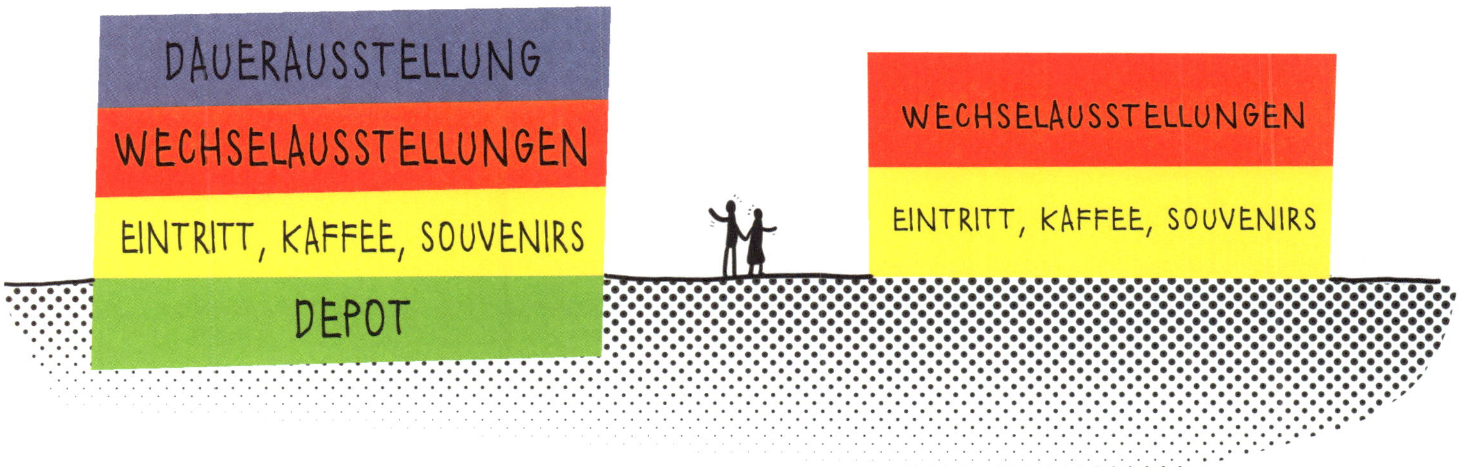

IN EINEM HEUTIGEN KUNSTMUSEUM REICHT ES NICHT MEHR AUS, BILDER EINFACH NEBENEINANDER AUFZUHÄNGEN, SKULPTUREN ZU VERTEILEN UND ALS SCHMANKERL NOCH IRGENDEIN SCHRÄGES SCHNABELTIER DAZU ZU STELLEN, WIE ZU ZEITEN VON KAISER RUDOLF II. DIE BESUCHER WOLLEN IN DEN BILDERN ABGESEHEN VON DER PUREN SCHÖNHEIT AUCH EINE GESCHICHTE FINDEN, DIE SIE FESSELT UND DIE IHNEN ETWAS NEUES ERZÄHLT.

BIS IN DIE GEGENWART (UND ZUKUNFT)

…GES

…1

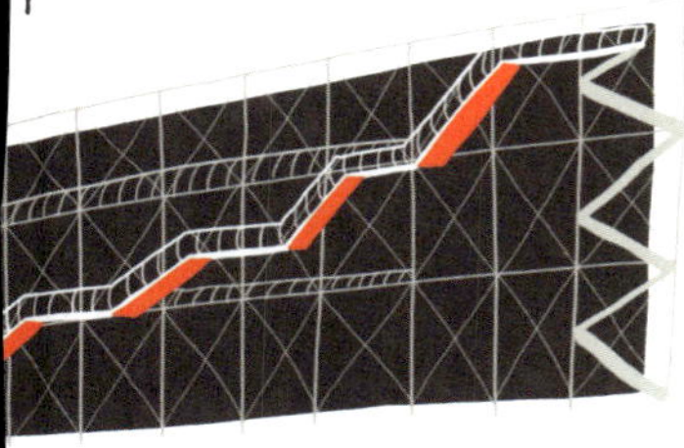

…genössische Kunst genauso provokant …? Ja, fanden die Architekten Gianfranco …nd Richard Rogers und drehten das …m. Das, was normalerweise im Haus …tungen, Treppen und Aufzüge –, bildet …s. Wer hätt's gedacht, heute ist es eine …würdigkeiten von Paris.

ART BASEL,
BASEL 1970

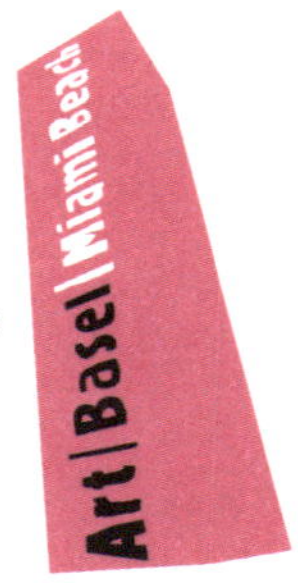

Ein außergewöhnliches Ereignis, bei dem an einem Ort viele berühmte und weniger berühmte Künstler sowie reiche und weniger reiche Sammler zusammentreffen. Naja, eine Messe eben.

MUSEUM LUDWIG,
KÖLN 1976

Das Museum Ludwig kam zustande, als mehrere rheinische Sammler ihre Sammlungen der Stadt Köln übertrugen. Heute gilt es als das bedeutendste europäische Museum für Gegenwartskunst.

SKULPTUR PROJEKTE MÜNSTER
1977

Wenn das Museum für die Kunst zu klein wird, kann man auch direkt auf der Straße Kunst machen. Heute ist das gar nicht mehr so ungewöhnlich, aber im Jahr 1977 war es eine kleine Revolution.

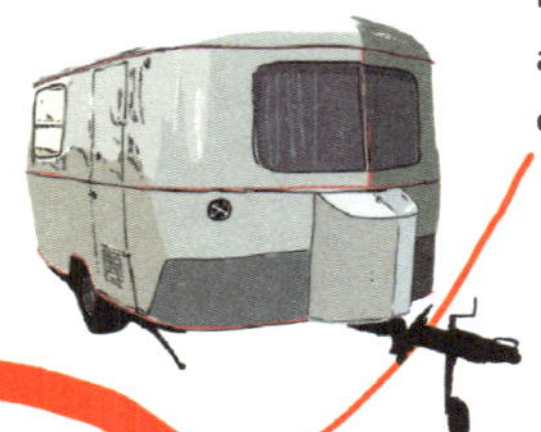

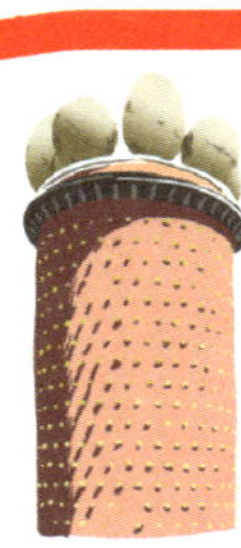

TEATRE-MUSEU DALÍ,
FIGUERES 1974

Nicht jeder Meister des Pinsels hat wie der katalanische Maler Salvador Dalí neben großem Talent auch noch ein so ausgeprägtes Selbstbewusstsein, dass er sich ein eigenes Museum baut.

GUGGENHEIM MUSEUM,
BILBAO
1992

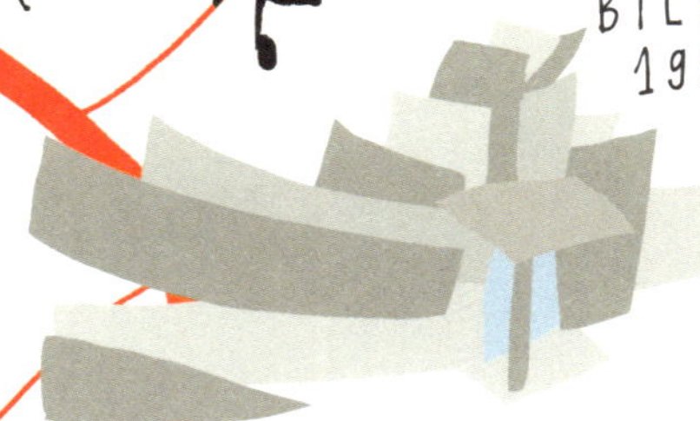

Als das Guggenheim Museum von New York eine Zweigstelle in der baskischen Stadt Bilbao eröffnete, geschah ein kleines Wunder: Die glanzlose Stadt voller alter Fabriken und Docks wurde zum Magneten für Touristen aus aller Welt. So eine Kraft können Museen und die Kunst in ihnen haben.

…OLOGNE,
1967

…E,

NAMOC,
PEKING
1963

MUSEO NACIONAL DE ARTE,
MEXIKO-STADT
1982

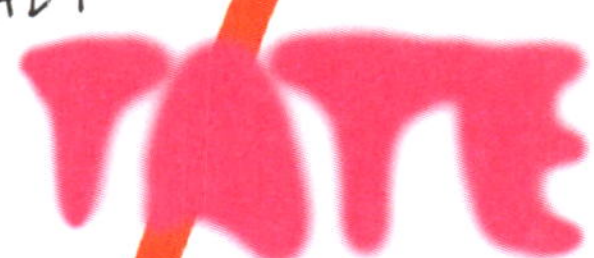

TATE MODERN,
LONDON 2000

Ene mene mücke,
geh über die Brücke,
ene mene meck,
Kunst läuft nicht weg.

GUGGENHEIM-MUSEUM,
NEW YORK 1959

Der berühmte amerikanische Architekt Frank Lloyd Wright kam auf eine Idee, wie man moderne Kunst auf moderne Art und Weise ausstellen kann: Das Gebäude hat keine Fenster, nur oben ein großes Glaskuppeldach. Die Besucher gehen an den Bildern entlang spiralförmig nach unten. Da tun niemandem die Füße weh!

KUNSTHAUS,
GRAZ 2003

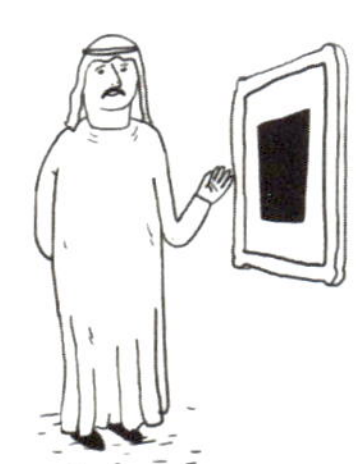

LOUVRE,
ABU DHABI
2016

Berühmte Museen können auch zu internationalen Markenzeichen werden.

KOLUMBA,
KÖLN 2007

Beeindruckende Kombination aus mittelalterlicher und zeitgenössischer Kunst in einem spektakulären Neubau des Schweizer Architekten Peter Zumthor an der Stelle der kriegszerstörten spätgotischen Kirche St. Kolumba.

GOOGLE ART PROJECT
2011

Eines hat die virtuelle Galerie mit der wirklichen gemeinsam: Man kann die ausgestellten Werke nicht anfassen.

…UM
…,
…3

…resund
…für
… Sein
…frauen

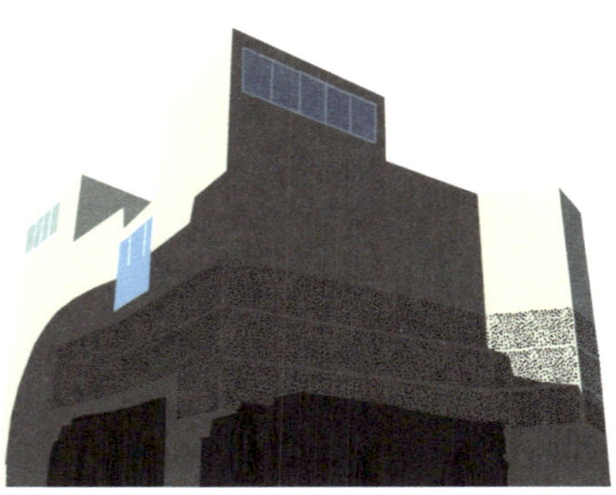

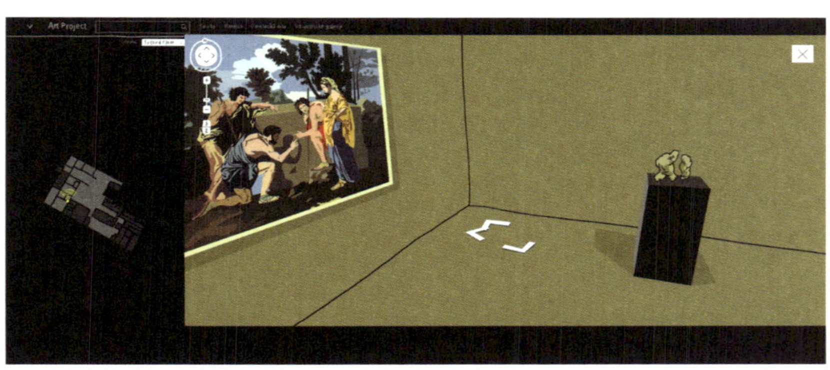

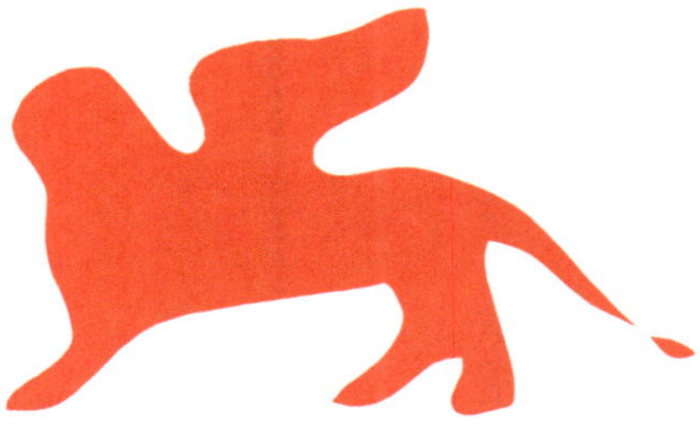

BIENNALE DI VENEZIA, VENEDIG 1895

Wer etwas auf sich hält, fährt alle zwei Jahre nach Venedig, um die neuesten Trends in der Kunstwelt zu besichtigen. Das war sogar vor hundert Jahren schon wichtig, und darum gibt es seither diese Biennale.

SZÉPMÜVÉSZETI MÚZEUM, BUDAPEST 1906

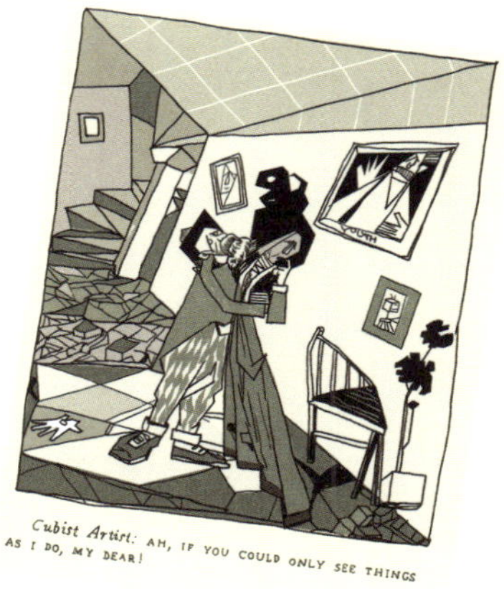

THE ARMORY SHOW, NEW YORK 1913

Die erste Ausstellung moderner europäischer Kunst in Amerika war für die Öffentlichkeit ein großer Schock. Ist es möglich, dass die Welt so aussieht, wie moderne Maler und Bildhauer sie sehen?

CENTRE GEOR POMPIDOU PARIS 1972

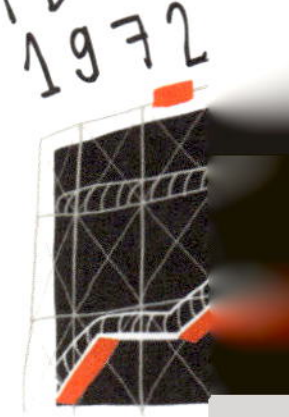

Soll ein Museum für zeit sein wie die Kunst selbs Franchini, Renzo Piano u Museum wortwörtlich u versteckt ist – Rohre, Le die Fassade des Museum der beliebtesten Sehens

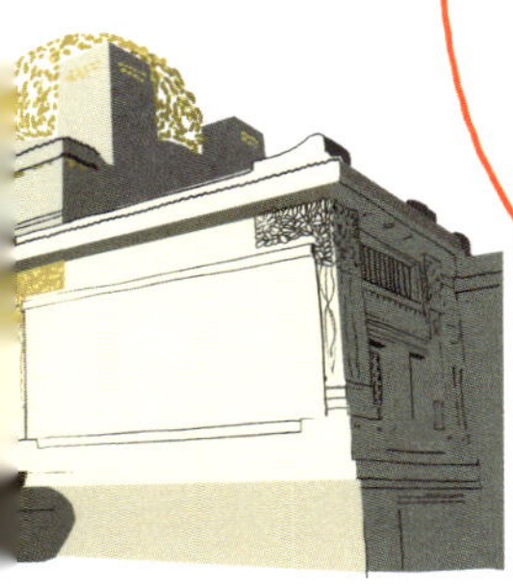

NER SECESSION, N 1897

einigung von Malern, Bildhauern hitekten baute sich ihren eigenen ungspavillon, um von hier aus npf gegen verstaubte Kunst und en Geschmack zu führen. em Kampf begann die Secession.

VÝSTAVA SOUDOBÉ ČESKOSLOVENSKÉ KULTURY, BRNO 1928

Zum Symbol der „Ausstellung zeitgenössischer Kultur in der Tschechoslowakei", die moderne Kunst, moderne Architektur und modernen Lebensstil präsentierte, wurde überraschenderweise das Modell eines haarigen Mammuts.

ART C KÖLN

MOMA, NEW YORK 1929

Dieses Museum ist aus mindestens zwei Gründen außergewöhnlich: Es wurde von drei wohlhabenden Damen gegründet, und es war von Anfang an ausschließlich für moderne Kunst bestimmt.

MORAVSKÁ GALER BRNO 1961

Die Mährische Galerie ist das zweitgrößte Kunstmuseum Tschechiens. Logisch, denn Brno ist ja auch die zweitgrößte Stadt.

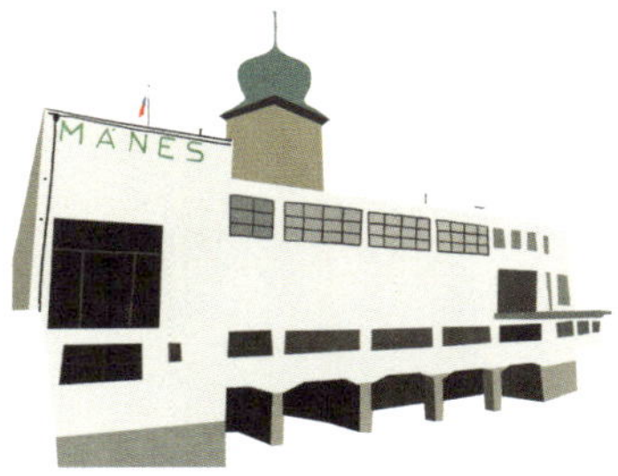

MÁNES, PRAG 1930

Der wunderschöne Pavillon des Architekten Otakar Novotný ist eigentlich eine Brückengalerie zwischen dem Moldauufer und der Slawischen Insel.

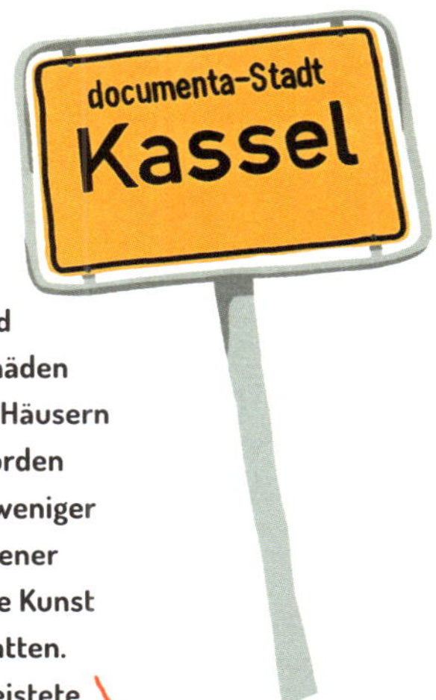

DOCUMENTA, KASSEL 1955

Im Nachkriegsdeutschland mussten nicht nur die Schäden beseitigt werden, die den Häusern und Fabriken zugefügt worden waren, sondern auch die weniger sichtbaren, zum Beispiel jener Schaden, den die moderne Kunst und ihr Ruf genommen hatten. Einen wichtigen Beitrag leistete hier die erste Documenta.

NATIONAL GALLERY OF ART, WASHINGTON 1937

Als die Regierung der Sowjetunion begann, die Sammlung aus der Eremitage zu verkaufen, kaufte die Stiftung von Andrew W. Mellon 21 wertvolle Gemälde. Diese waren der Anfang der heute sehr umfangreichen Sammlung.

MAM, RIO DE JANEIRO 1948

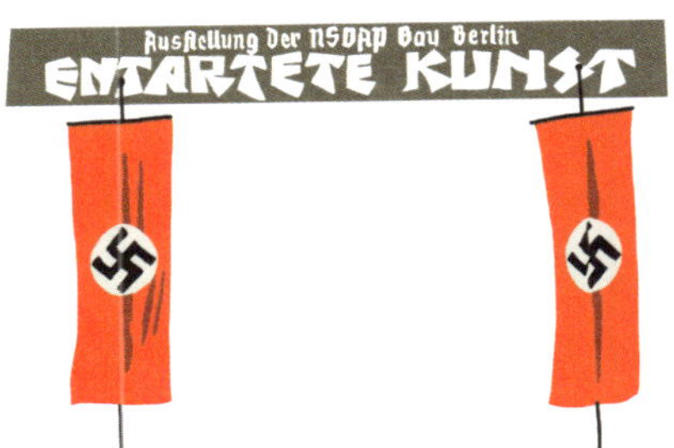

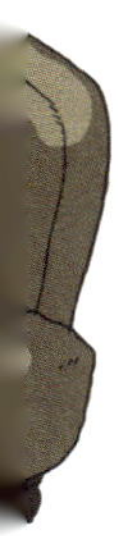

ENTARTETE KUNST, MÜNCHEN 1937

Moderne Kunst wurde im nationalsozialistischen Deutschland als entartet und schädlich bezeichnet. Um die Werke moderner Künstler zu verspotten, wurde in München diese Ausstellung durchgeführt.

NÁRODNÍ GALERIE (NATIONALGALERIE), PRAG 1949

Nationalgalerie, das kann man sich leichter merken als den ehemaligen Namen: Privatgesellschaft patriotischer Kunstfreunde und Moderne Galerie der böhmischen Krone.

LOUISIANA MUSE OF MODERN AR HUMLEBÆK 195

Nördlich von Kopenhagen liegt am Ö Dänemarks bedeutendstes Museum moderne und zeitgenössische Kunst Gründer hat es nach seinen drei Ehe benannt, die alle Louise hießen.

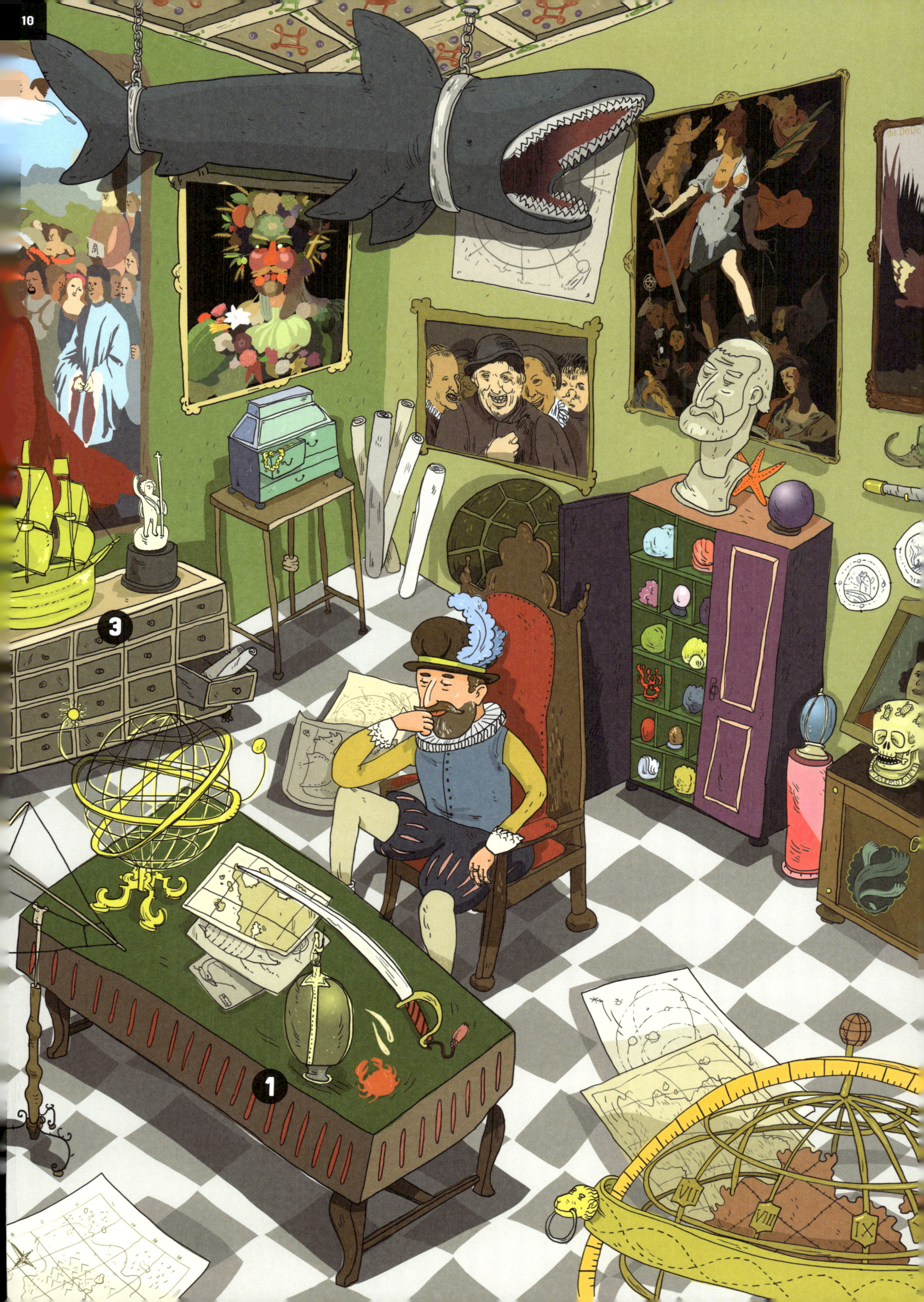
3
1
VII
VIII
IX

KUNST- UND KURIOSITÄTENKABINETT

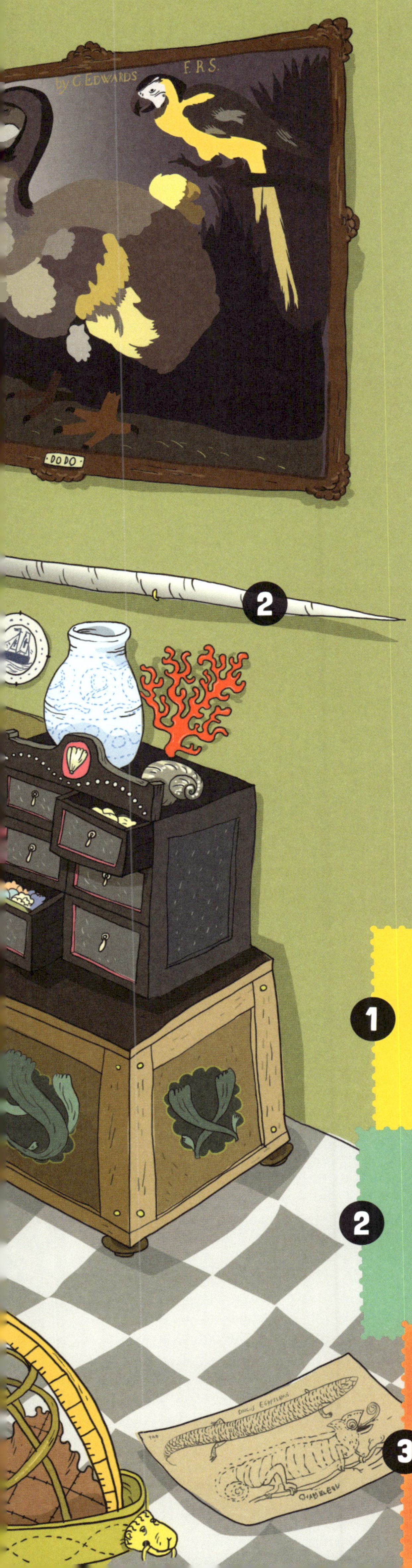

ENDE DES 16. JAHRHUNDERTS VERLEGTE KAISER RUDOLF II. SEINEN HOF NACH PRAG. UNTER SEINER HERRSCHAFT KAMEN ALCHEMISTEN, ASTROLOGEN, ERFINDER, WISSENSCHAFTLER UND KÜNSTLER AUS GANZ EUROPA IN DIE STADT.

AUF DER PRAGER BURG GRÜNDETE RUDOLF EINE KUNSTKAMMER, DIE SEHR BEKANNT UND BELIEBT WURDE. VIELE BESUCHER, DIE VON IHREM RUHM GEHÖRT HATTEN UND SIE GERNE BESICHTIGEN WOLLTEN, BRACHTEN WERTVOLLE DINGE MIT. SIE HOFFTEN, DASS IHNEN DADURCH EINLASS GEWÄHRT WÜRDE. DANK DER GESCHENKE UND DANK DER ZAHLREICHEN KÜNSTLER AM HOF WURDE RUDOLFS SAMMLUNG IMMER GRÖSSER. IN DER RENAISSANCE STELLTE MAN WERKE VON MENSCHENHAND NEBEN OBJEKTEN AUS, DIE VON DER NATUR GESCHAFFEN WURDEN. MAN MACHTE ZWISCHEN IHNEN KEINEN UNTERSCHIED.

Schmuckstücke und Skulpturen, teures Geschirr, Miniaturen aus Elfenbein, Kupferstiche und seltene Handschriften, orientalische Waffen, Uhren und astronomische Hilfsmittel teilten sich einen Raum mit Jagdtrophäen, Mineralien und Muscheln, Vogelfedern aus fernen Ländern und exotischen Früchten. Besonders bewunderte man Naturalien, die durch handwerkliche Weiterverarbeitung veredelt worden waren. So berühmt wie die Sammlung Rudolf II. war im ganzen Kaiserreich nur die Kunstkammer des Erzherzogs Ferdinand II. von Tirol im Schloss Ambras.

1

BEZOARSTEINE

Ein Bezoar oder auch Bezoarstein ist ein Gebilde, das bei manchen Tieren aus unverdauten Nahrungsresten im Magen entsteht. In der Vergangenheit wurden ihm magische Kräfte zugeschrieben, und man glaubte, dass er gegen die Pest hilft und vor Vergiftungen jeglicher Art schützt.

2

HORN EINES EINHORNS

In keiner Kuriositätenkammer durfte es fehlen, das Horn des Fabelwesens Einhorn. In Wirklichkeit war es der Stoßzahn eines Narwals aus dem Arktischen Ozean. Dem angeblichen Einhorn-Horn wurden früher die gleichen Heilkräfte zugeschrieben wie dem Bezoar.

3

MECHANISCHE APPARATE

Das war eigentlich teures Spielzeug für Erwachsene. Meistens wurden die Apparate von erfahrenen Goldschmieden hergestellt. Sie hatten zum Beispiel die Form eines Schiffs auf Rädern, auf dem an Bord winzige goldene Matrosen verschiedene Tätigkeiten ausführten, und es gab Automaten, die aussahen wie Tiere, zum Beispiel Pfauen, Bären oder Hasen.

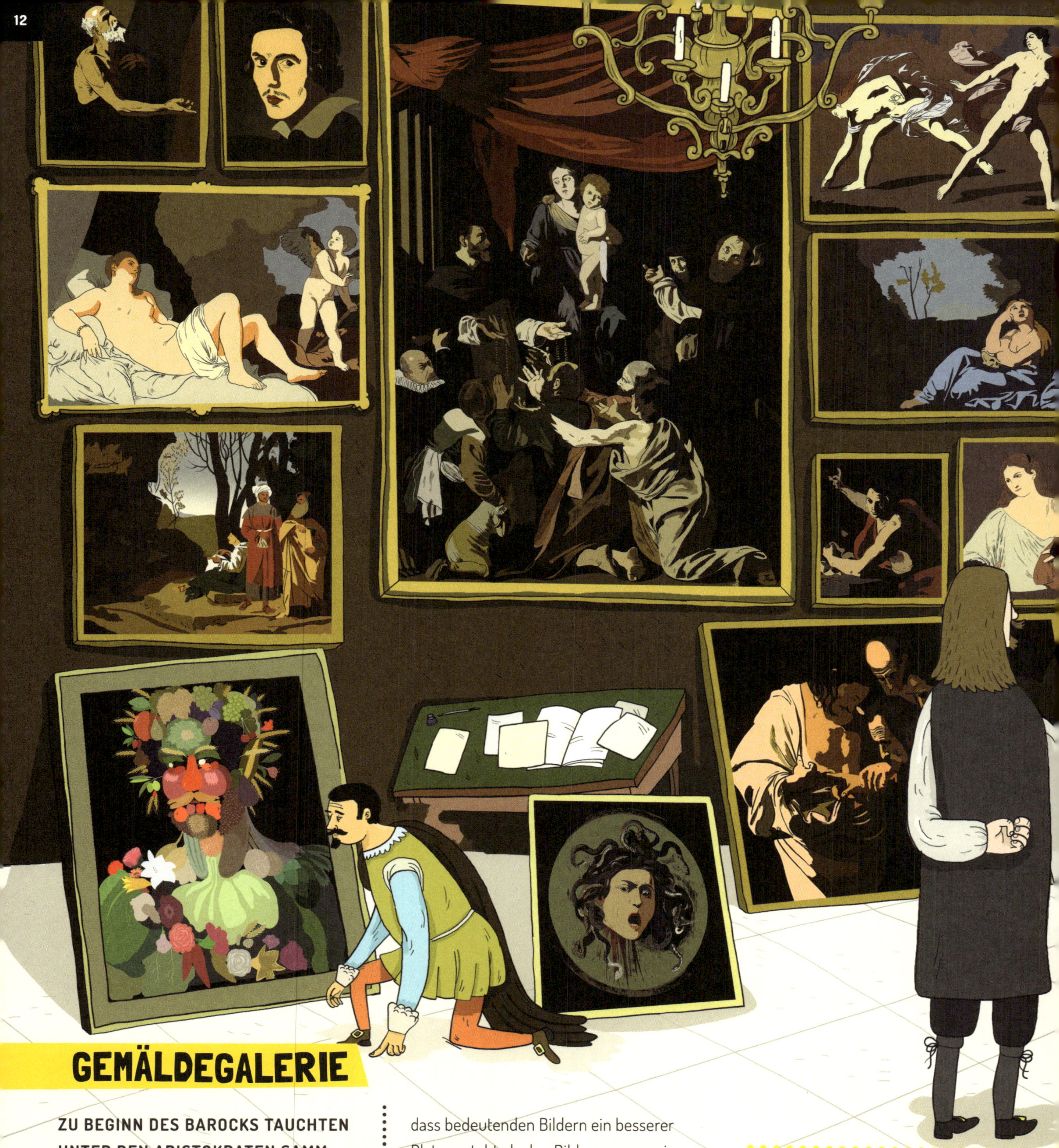

GEMÄLDEGALERIE

ZU BEGINN DES BAROCKS TAUCHTEN UNTER DEN ARISTOKRATEN SAMMLER AUF, DIE SICH IN DER BILDENDEN KUNST, VOR ALLEM IN DER MALEREI, SEHR GUT AUSKANNTEN. DIE KUNSTKAMMERN WURDEN NACH UND NACH DURCH GEMÄLDEGALERIEN ERSETZT.

Mit der Aufsicht über den Betrieb der Gemäldegalerien waren Verwalter betraut, die Aufgaben heutiger Kuratoren erfüllten. Bei der Entscheidung darüber, welches Bild wohin kommt, hielten sie sich an die Regel, dass bedeutenden Bildern ein besserer Platz zusteht als den Bildern von weniger bekannten Malern. Man achtete auch auf den Schutz der ausgestellten Bilder. Teure Stücke wurden oft mit einem Vorhang verdeckt, damit es nicht zu Beschädigungen durch Sonne, Staub oder Feuchtigkeit kommen konnte. Auch gruselige Szenen wurden vor den Augen der Besucher hinter einem Vorhang versteckt. In der Zeit des Barock bildeten sich die Grundlagen der späteren Museen und Galerien heraus.

SAMMLER 1

Die Besitzer der damaligen privaten Gemäldegalerien waren hervorragende Kenner der bildenden Kunst.
Eine Kunstsammlung aufzubauen, das gehörte im Barock zu den höchsten aristokratischen Tugenden.
Die bedeutendste barocke Gemäldegalerie wurde Mitte des 17. Jahrhunderts in Brüssel gegründet.

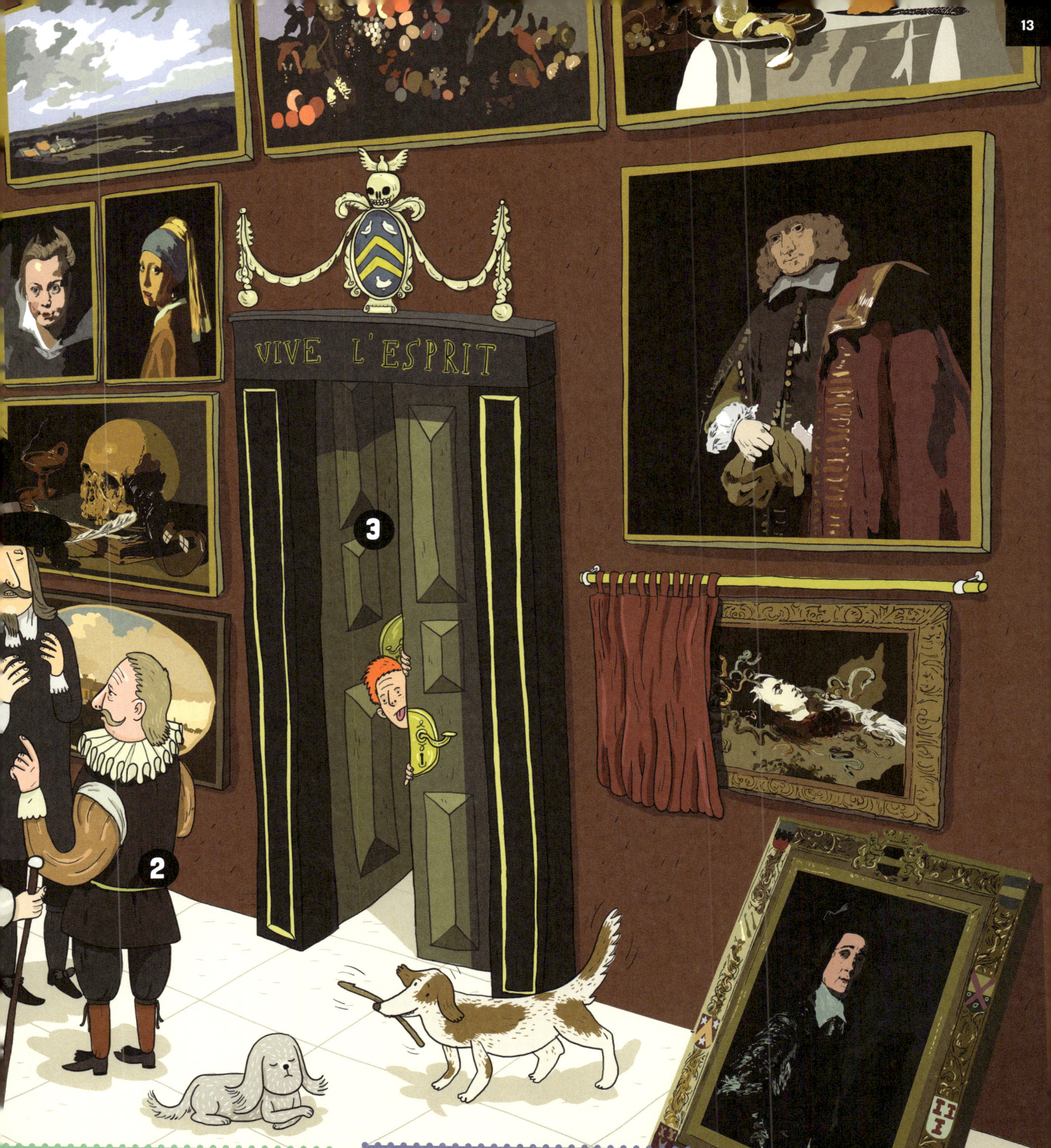

VERWALTER DER GEMÄLDEGALERIE: KURATOR ②

(VON LATEINISCH CURARE – FÜR JEMANDEN ODER ETWAS SORGEN)

Der Verwalter einer Gemäldegalerie musste jemand sein, der gut über Kunst Bescheid wusste, beurteilen konnte, welches Werk welchen Wert hatte, und ein präzises ästhetisches Gespür hatte. Oft war der Kurator selbst auch Maler.

INVENTAR ③

Inventare waren oft sehr umfangreiche Gesamtlisten der Werke in der Sammlung, die der Verwalter der Gemäldegalerie führte. Neben der Inventarnummer gab es zu jedem Posten auch eine Zeichnung des Werkes, seine Beschreibung, seine Maße und andere Informationen.

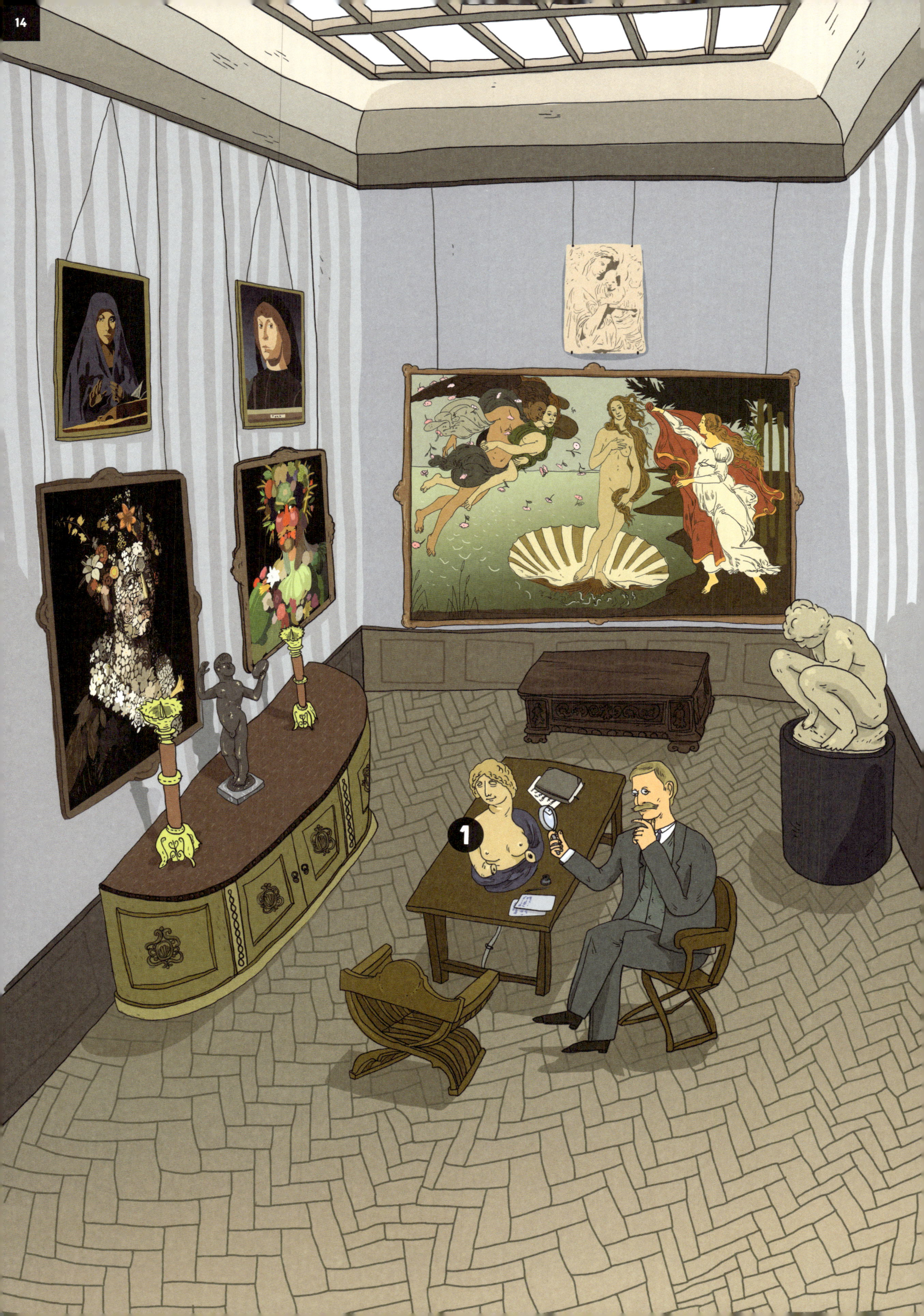
1

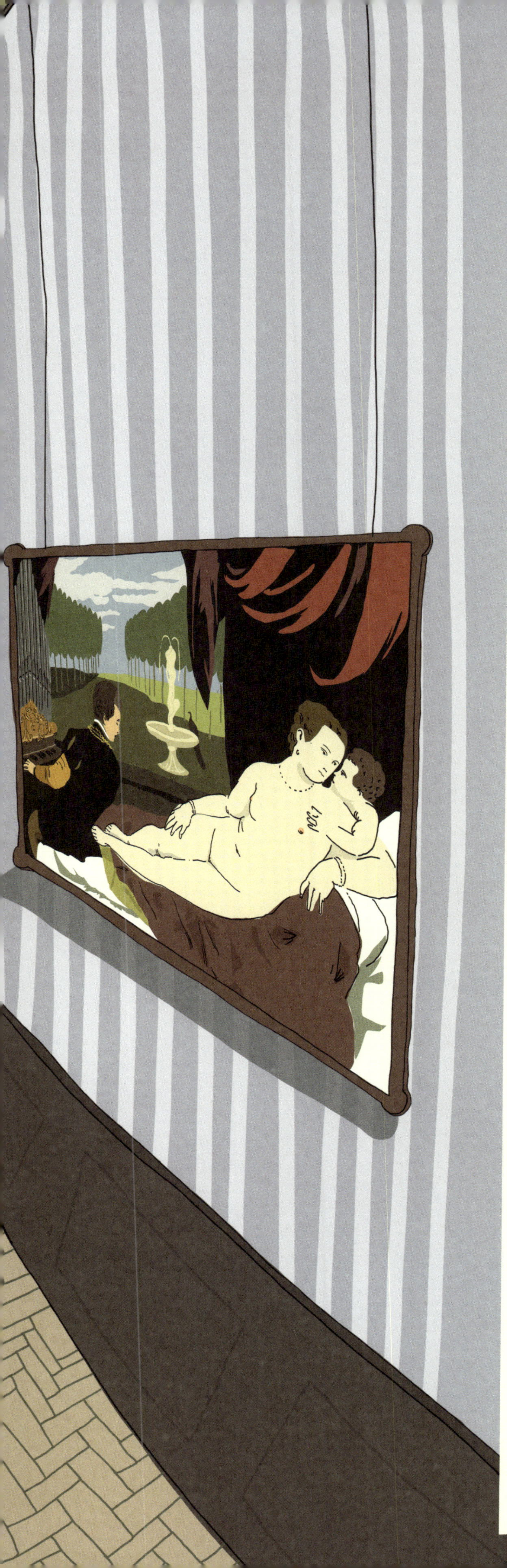

STILRAUM

DER LETZTE DEUTSCHE KAISER, WILHELM II., HATTE BEGRIFFEN, DASS DIE MACHT DER IDEEN STÄRKER IST ALS EINE BIS UNTER DIE ZÄHNE BEWAFFNETE ARMEE. DARUM GAB ER ZUSÄTZLICH ZUR GROSSZÜGIGEN BEZAHLUNG SEINER GENERÄLE NOCH EINEN GROSSEN TEIL DES GELDES FÜR DIE FÖRDERUNG DER BILDUNG UND DER KULTUR AUS.

Obwohl der Sitz des Kaisers und die Hauptstadt von Deutschland Berlin war, konnten sich Städte wie München oder Dresden viel größerer und wertvollerer Sammlungen rühmen. Das wollte Wilhelm II. ändern. Sein Namensvetter Wilhelm von Bode, der am Berliner Hof als Kurator arbeitete, sollte Abhilfe schaffen. Das war ein Mann am rechten Ort, außergewöhnlich gebildet und begabt. Er erwarb für die Berliner Museen wertvolle Werke und hob ihr allgemeines Niveau. Unter anderem kam er auf die Idee, die Bilder, Skulpturen und anderen Objekte, wie etwa Möbel, Gläser oder Spiegel, nicht voneinander zu trennen, sondern sie gemeinsam auszustellen. So erschuf er die sogenannten Stilräume. Sie sollten zeigen, dass die Arbeiten von Künstlern und Handwerkern in einer bestimmten Zeit immer ein bestimmtes Verständnis von Schönheit verbindet.

1 Im Jahr 1910 prahlte Wilhelm von Bode damit, dass er bei einer Expedition durch die Londoner Antiquariate auf eine Flora-Büste gestoßen sei, die zweifellos das Werk des Renaissance-Malers und Erfinders Leonardo da Vinci sein müsse. Für ein paar Pfund habe er diesen künstlerischen Schatz den Briten vor der Nase weggeschnappt.
Die Londoner Zeitung *The Times* veröffentlichte jedoch kurz darauf die Nachricht, dass die Skulptur, die von dem Deutschen für da Vincis Werk gehalten werde, in Wirklichkeit eine Arbeit des englischen Bildhauers Richard Lucas sei. Lucas' Sohn beschrieb kurz darauf, wie der Flora-Kopf entstanden war, und fügte hinzu, das Innere der Büste sei mit Kehricht und alten Zeitungen ausgestopft. Und tatsächlich: Als man im Kaiser-Friedrich-Museum in Berlin den Sockel der Büste entfernte, fand man im Inneren alles Mögliche, zum Beispiel auch Briefe, die auf das Jahr 1840 datiert waren. Bodes Bedeutung und seine Verdienste waren trotzdem so groß, dass das Kaiser-Friedrich-Museum später umbenannt wurde in Bode-Museum.

KABINETT DER ABSTRAKTEN

DAS PROVINZIALMUSEUM IN HANNOVER UNTERSCHIED SICH NICHT VON ANDEREN MUSEEN IN EUROPA. AUCH HIER WURDEN KUNSTWERKE AUSGESTELLT, INDEM SIE STUR ANEINANDERGEREIHT WURDEN, VON DEN ÄLTESTEN WERKEN BIS HIN ZU DEN AKTUELLSTEN. DAS ÄNDERTE SICH JEDOCH IM JAHR 1925, ALS ALEXANDER DORNER HIER MUSEUMSDIREKTOR WURDE.

Dieser nachdenkliche junge Mann, der die Geschichte und die Kunst liebte, wollte für jede Kunstepoche einen eigenen Raum einrichten. Hier sollten durch die Farben der Wände und die geeignete Verteilung der Werke die Besonderheiten der jeweiligen Zeit herausgestellt werden. Er verbot sogar, die Fenster abzudunkeln und den Ausblick aus den Ausstellungsräumen auf die Bäume und Häuser in der Umgebung des Museums zu verdecken. Dadurch wollte er die Verbindung zwischen den historischen Werken und der lebendigen Gegenwart wieder stärken. Die Krönung seiner Veränderungen im Museum war, dass er den letzten Raum der in jener Zeit fortschrittlichsten künstlerischen Erscheinung widmete, der abstrakten Kunst. Er rief den russischen Avantgardekünstler El Lissitzky zu Hilfe, und dieser schuf hier das Kabinett der Abstrakten.

Die Einzigartigkeit der neuen künstlerischen Strömung hob El Lissitzky dadurch hervor, dass er bewegliche Tafeln an der Wand anbrachte. Die Besucher konnten diese verschieben und so die Erscheinungsform des Kabinetts verändern. Eine der Skulpturen stand vor einem Spiegel, sodass die Besucher deren Vorder- und Rückseite gleichzeitig betrachten konnten.

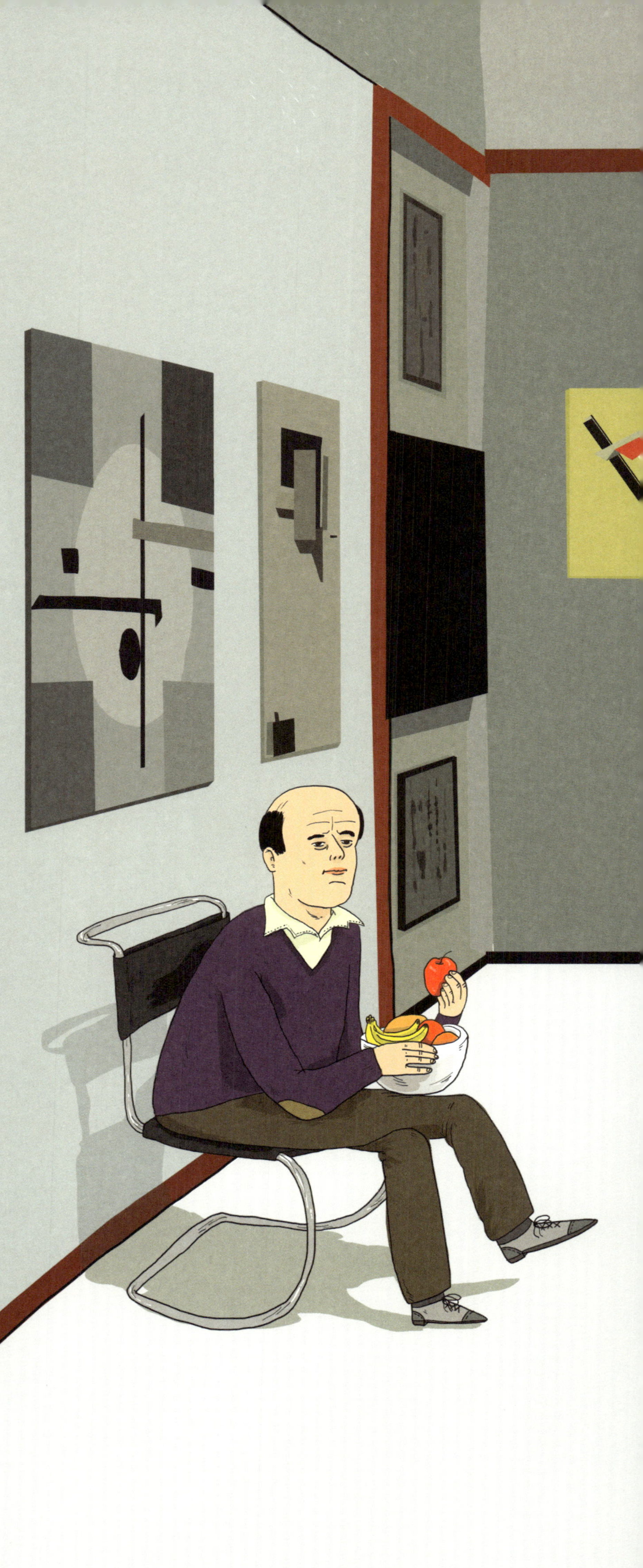

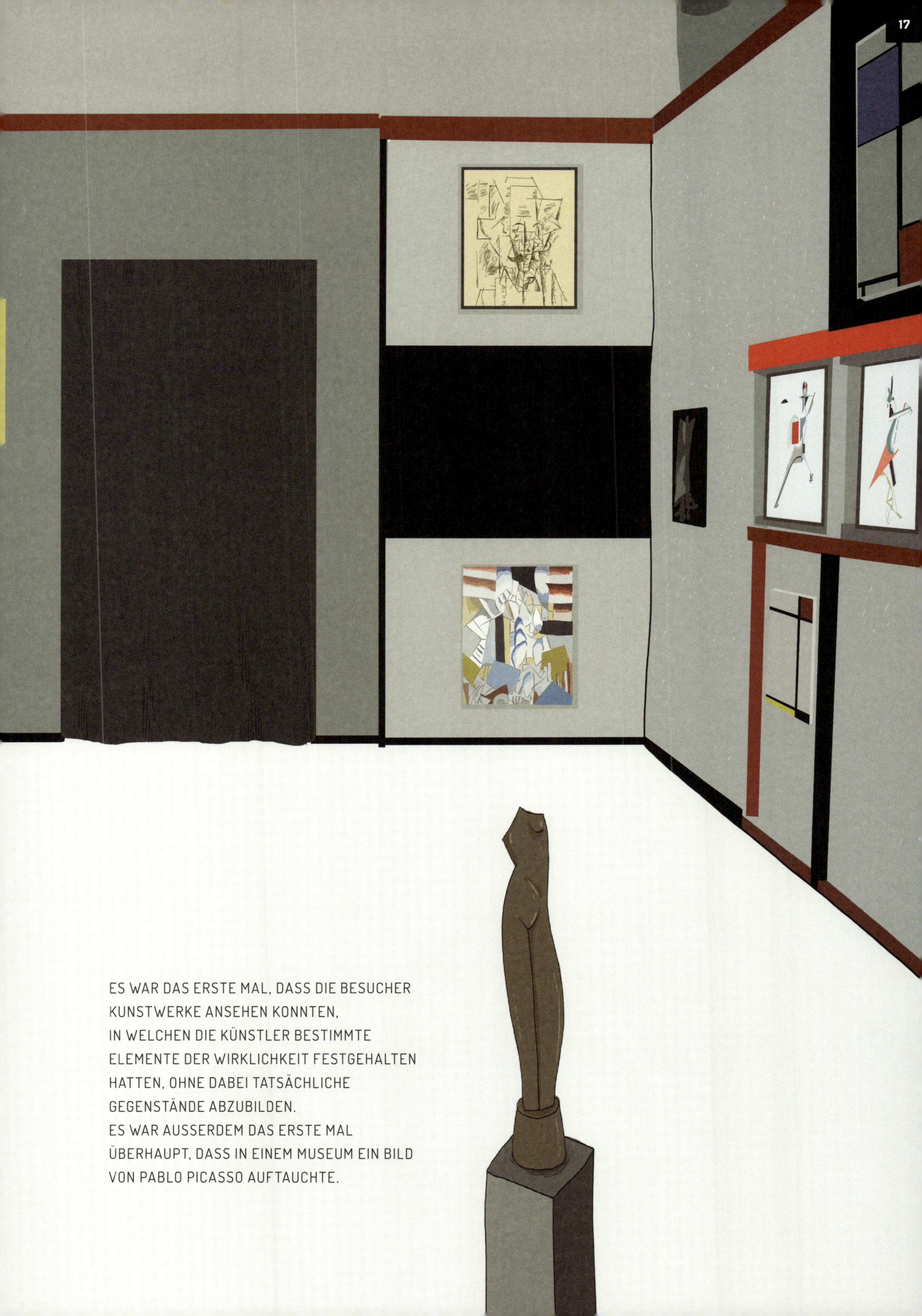

ES WAR DAS ERSTE MAL, DASS DIE BESUCHER KUNSTWERKE ANSEHEN KONNTEN, IN WELCHEN DIE KÜNSTLER BESTIMMTE ELEMENTE DER WIRKLICHKEIT FESTGEHALTEN HATTEN, OHNE DABEI TATSÄCHLICHE GEGENSTÄNDE ABZUBILDEN.
ES WAR AUSSERDEM DAS ERSTE MAL ÜBERHAUPT, DASS IN EINEM MUSEUM EIN BILD VON PABLO PICASSO AUFTAUCHTE.

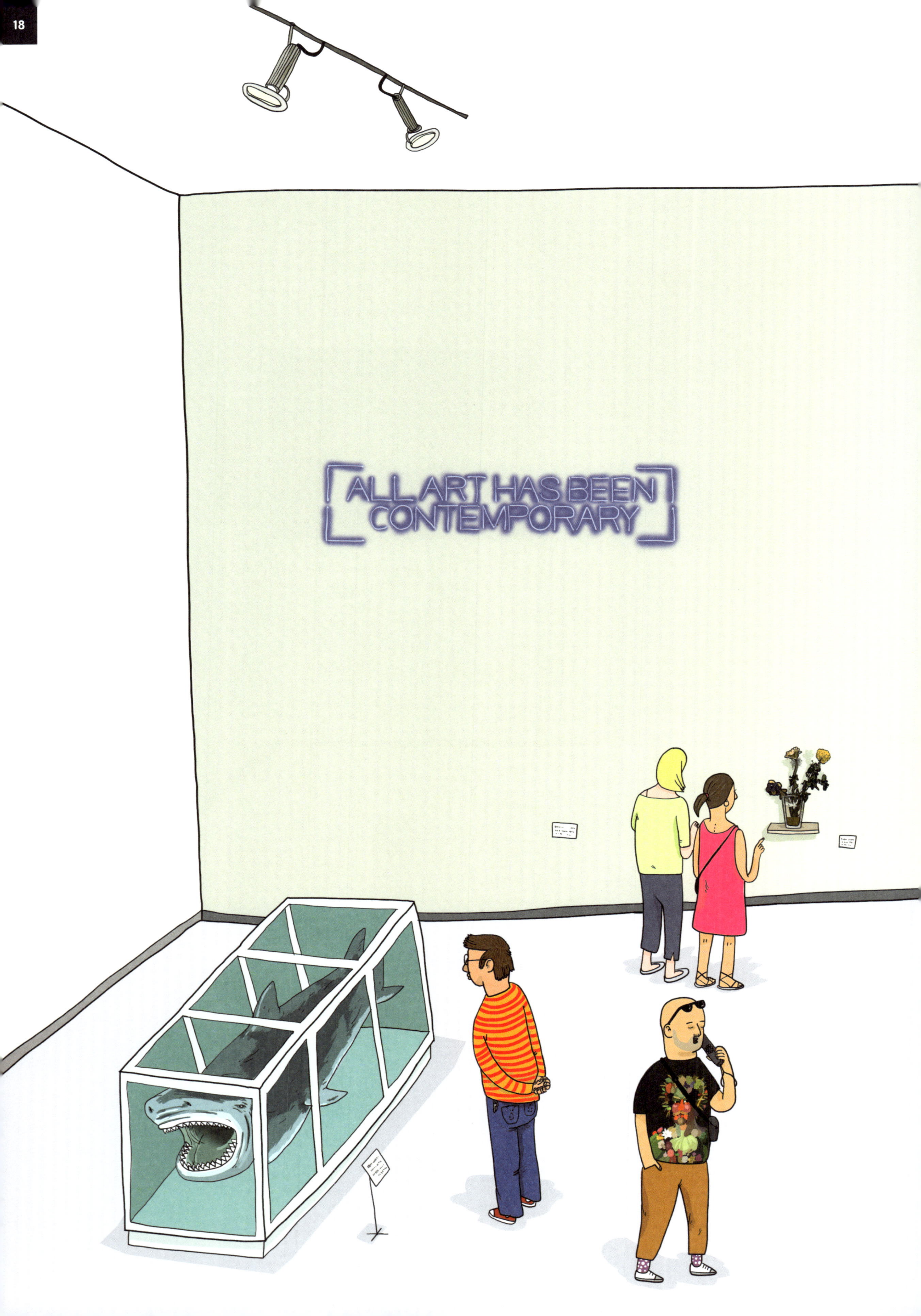
ALL ART HAS BEEN
CONTEMPORARY

WHITE CUBE

WIE IM INNEREN EINES WEISSEN WÜRFELS: SO FÜHLT SICH DER BESUCHER EINER ZEITGENÖSSISCHEN GALERIE. MEISTENS SIND NICHT NUR DIE WÄNDE WEISS ANGEMALT, SONDERN AUCH DER BODEN UND DIE DECKE. WARUM?

In einem weißen Raum konzentrieren wir viel leichter unsere gesamte Aufmerksamkeit auf das, was wir gerade vor uns haben. Der Wandel der Museen und Galerien ging Hand in Hand mit den Veränderungen, die sich im letzten Jahrhundert in der bildenden Kunst abgespielt haben. Künstler stellen heute nicht nur Bilder und Skulpturen aus, sondern auch Filme und Objekte aus verschiedenen Materialien, zum Beispiel Neonleuchtschriften. Ein moderner Galerieraum kann auch Gegenstände, die wir alltäglich benutzen, zu ungewöhnlichen Objekten machen. Wenn ihr zu Hause euer Bett nicht macht und rundherum alle Sachen liegen lasst, werdet ihr wahrscheinlich von den Eltern ausgeschimpft. Die britische Künstlerin Tracey Emin machte genau das, mit dem einzigen Unterschied, dass sie ihr Bett mit der zerknitterten Decke und zerknautschten Kissen mitten in einer Galerie aufstellte. Kaum jemand zweifelte daran, dass es sich um eine künstlerische Geste handelte. Worin besteht der Unterschied? In einer Galerie oder einem Museum bekommen die Dinge eine andere Bedeutung. Es interessiert uns nicht, wer das Bett machen wird. Wichtig ist die Wirkung, die der Anblick in uns hervorruft, das, was uns ein ungemachtes Bett mitteilt. So etwas könnt ihr nur in Museen und Galerien erleben.

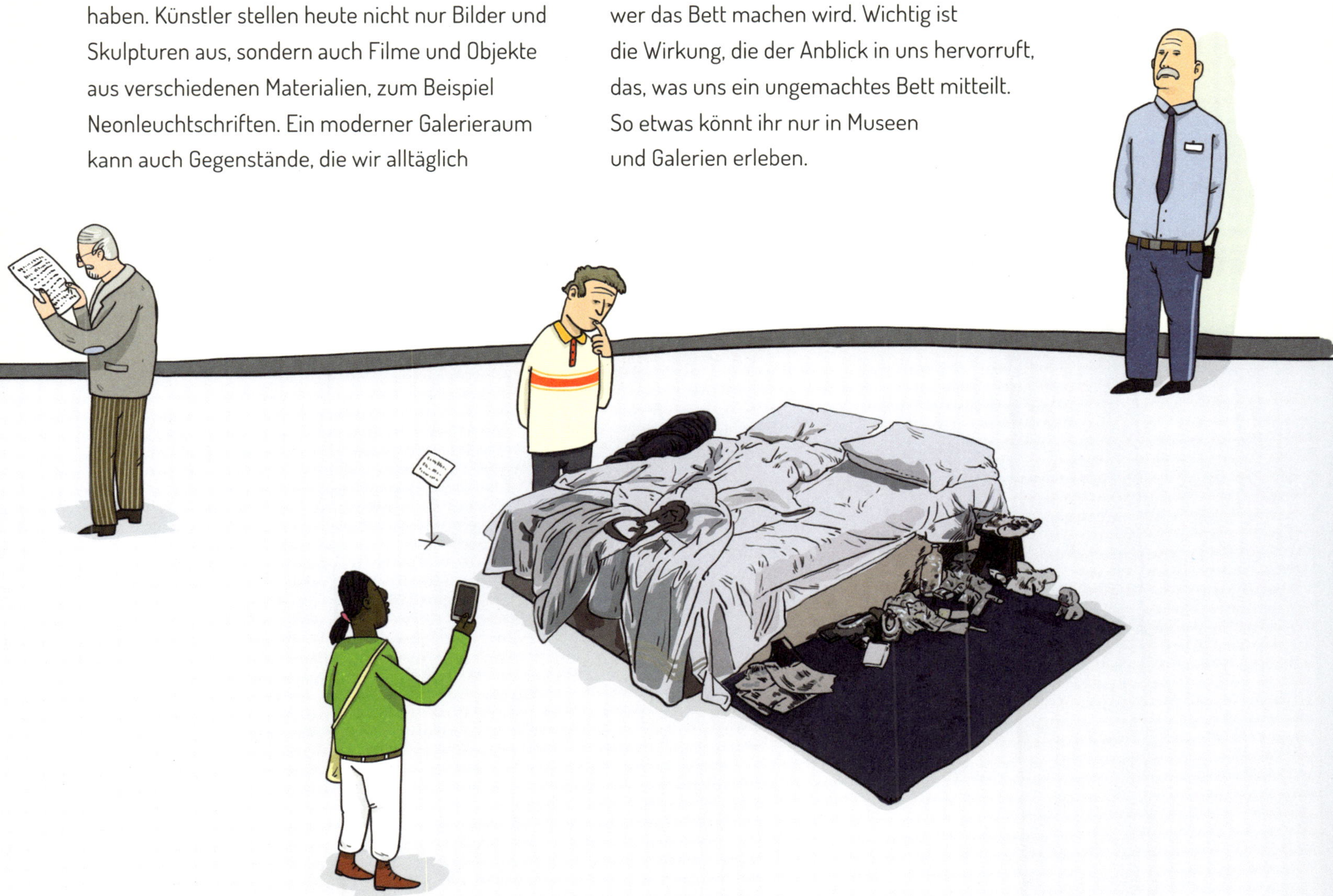

2. WIE EIN MUSEUM FUNKTIONIERT

STADT VOLLER KUNST

KENNT IHR EINE GROSSSTADT, IN DER ES KEINE EINZIGE GALERIE UND KEIN KUNSTMUSEUM GIBT? ICH WETTE: NEIN. EINE GALERIE ODER EIN MUSEUM ZU HABEN, ZEUGT VON DER KULTURELLEN BEDEUTUNG EINER STADT, UND WERTVOLLE KUNSTWERKE ODER INTERESSANTE AUSSTELLUNGEN SIND OFT EIN GRUND, WARUM TOURISTEN ANREISEN. DABEI MÜSSEN ES NICHT EINMAL BOMBASTISCHE MUSEEN IN ÜBERDIMENSIONIERTEN GEBÄUDEN SEIN.

Auch in kleinen Galerien, die sich in ehemaligen Läden, Büros, Wohnungen oder Fabrikhallen eingerichtet haben, können interessante Ausstellungen stattfinden. Manche machen auf talentierte neue Künstler aufmerksam, andere bieten Kunstwerke zum Verkauf an. Wenn ihr nicht extra wegfahren wollt, dann schaut euch einfach in eurer eigenen Stadt um. Auch hier werdet ihr viel Kunst entdecken. Bei den Skulpturen im Park oder vor dem Rathaus könnt ihr schnell erkennen, dass es Kunstwerke sind. Es gibt aber auch solche, die sich nur dadurch bemerkbar machen, dass sie irgendwie nicht zu den anderen Objekten im Straßenbild passen, wie zum Beispiel eine umgedrehte Straßenlaterne. Und während ihr euch auf eurem Weg aufmerksam umseht, vergeht die Zeit wie im Flug und mir nichts dir nichts seid ihr plötzlich im Museum gelandet. Und wenn ihr nun schon hinein gegangen seid, zeigen wir euch mal ein paar Orte, die nicht alle zu sehen bekommen. Bitte, kommt herein!

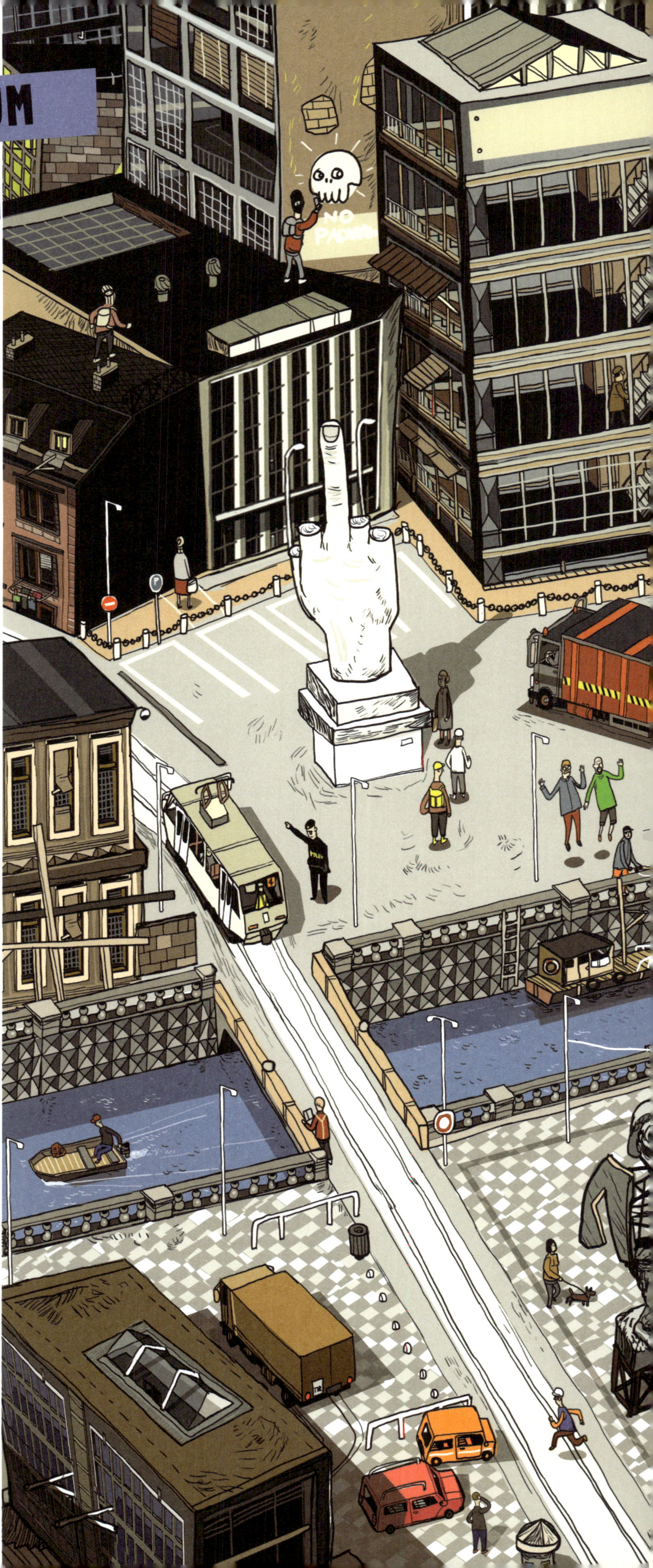

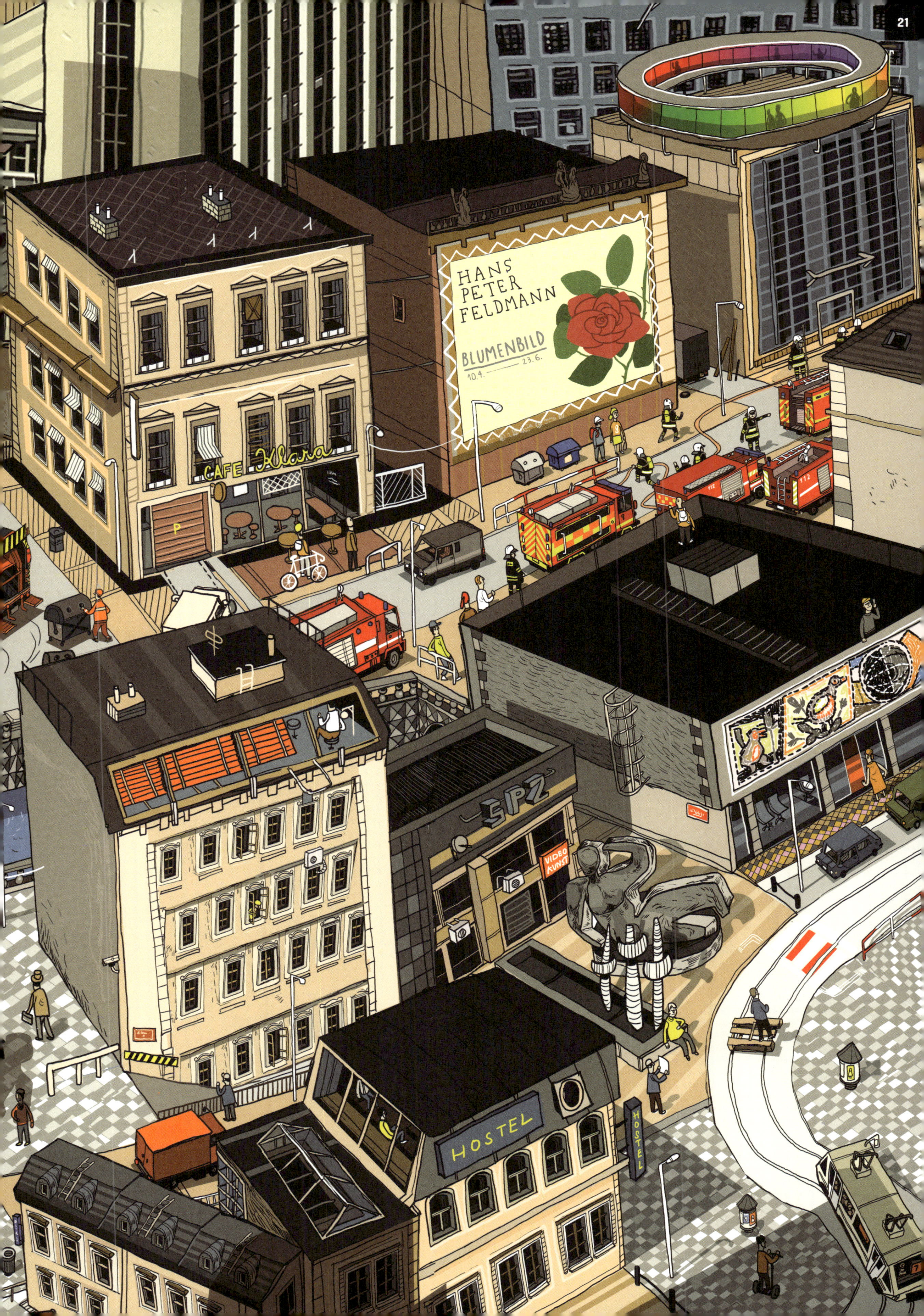
HANS PETER FELDMANN
BLUMENBILD
10.4. 23.6.
CAFE Klara
VIDEO KUNST
HOSTEL
HOSTEL

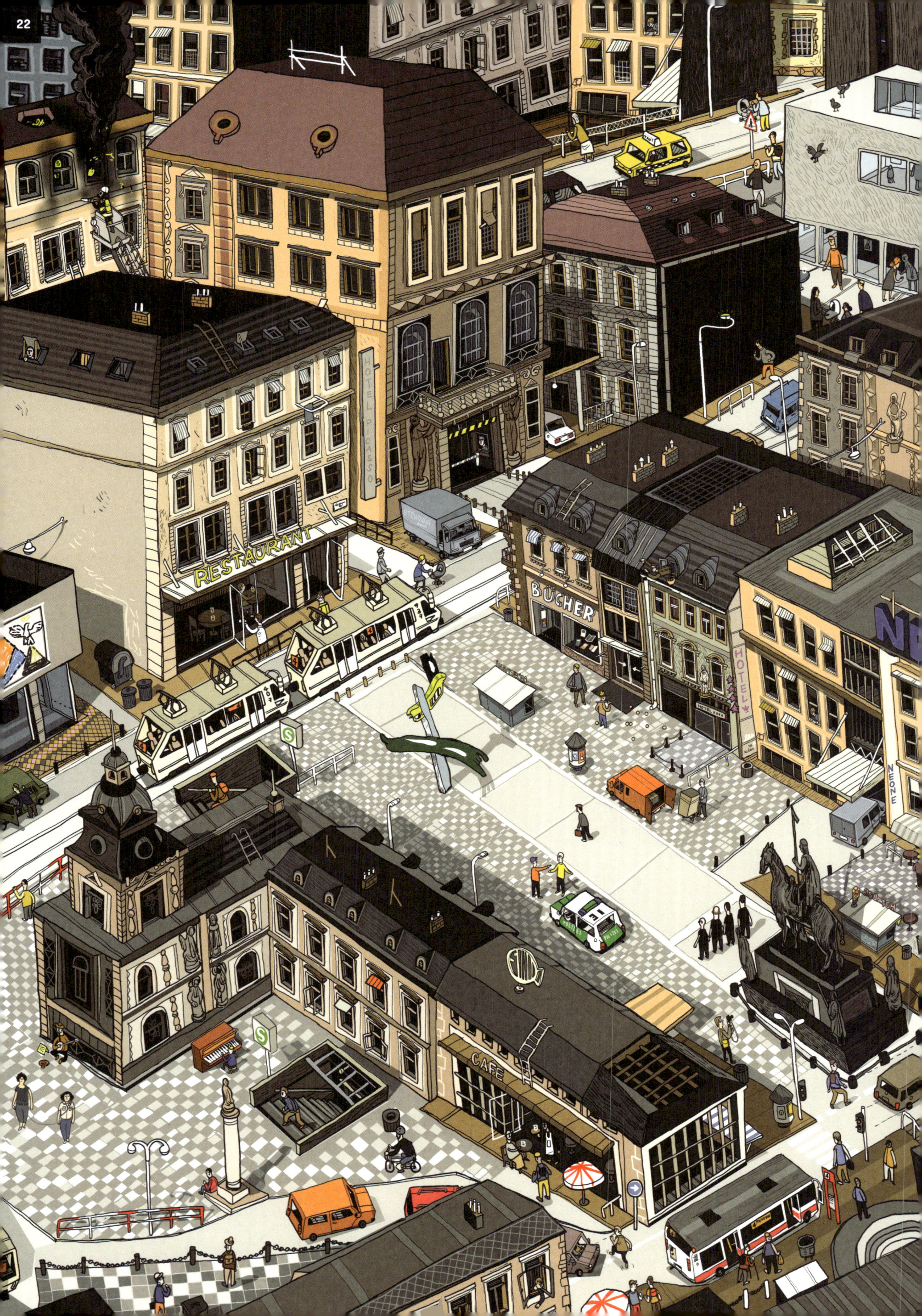
HOTEL PICASSO
RESTAURANT
BÜCHER
HOTEL
NEONE
CAFE

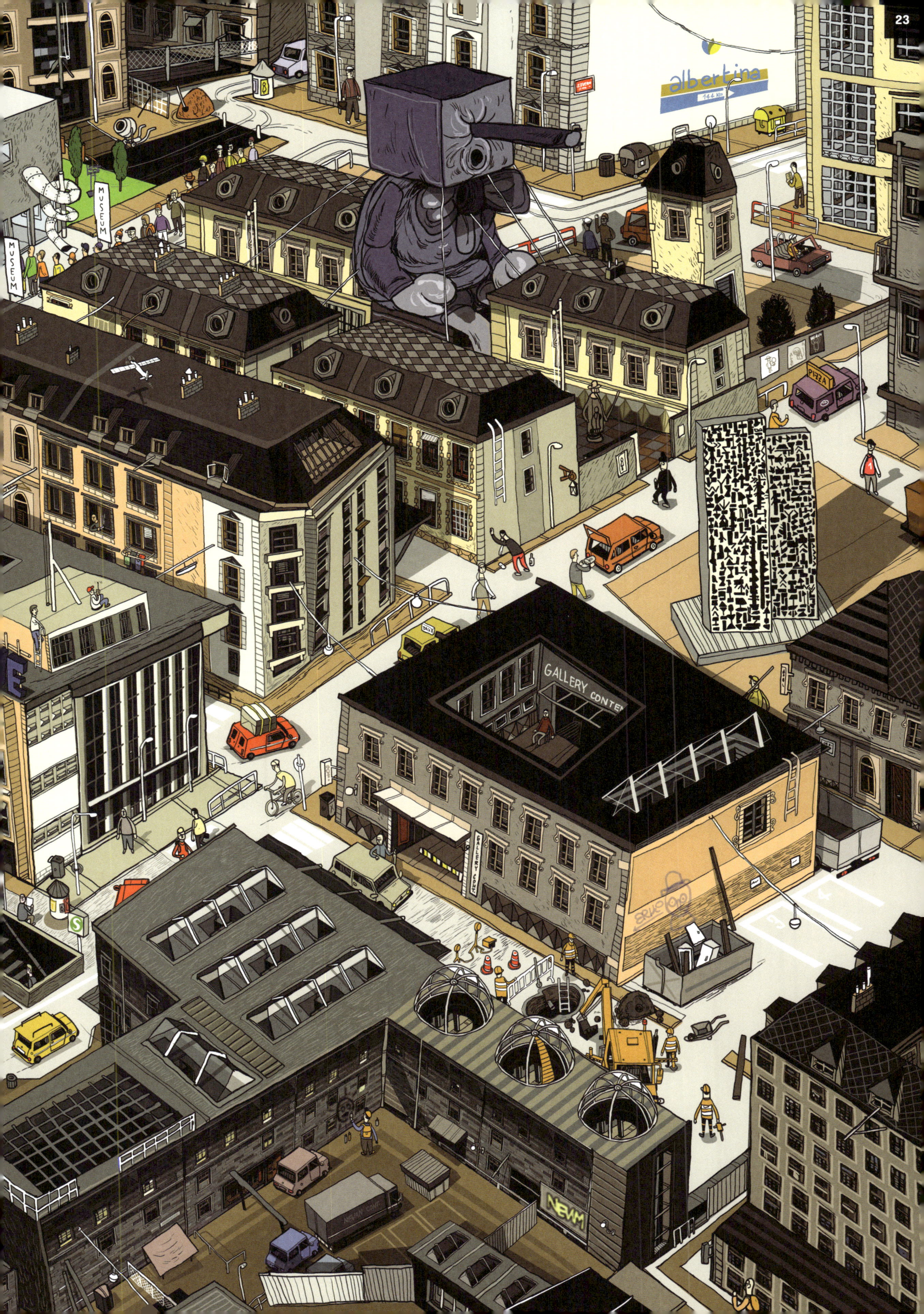
albertina
MUSEUM
MUSEUM
PIZZA
GALLERY

WOZU INS MUSEUM GEHEN?

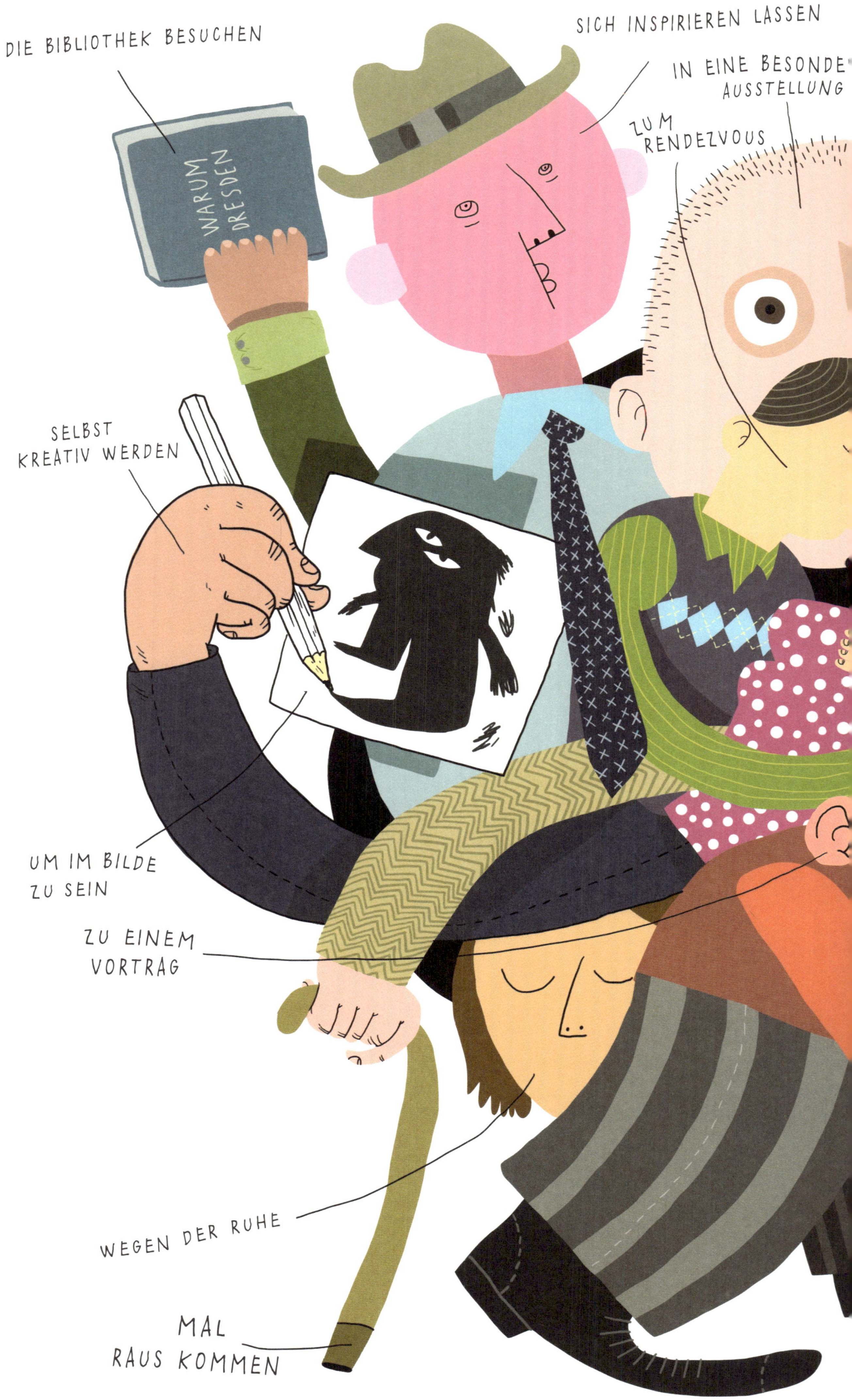

MUSEUMSBESUCHER KANN JEDER SEIN, DER SICH FÜR DIE DINGE UM SICH HERUM INTERESSIERT,

WER SIND DIE BESUCHER?

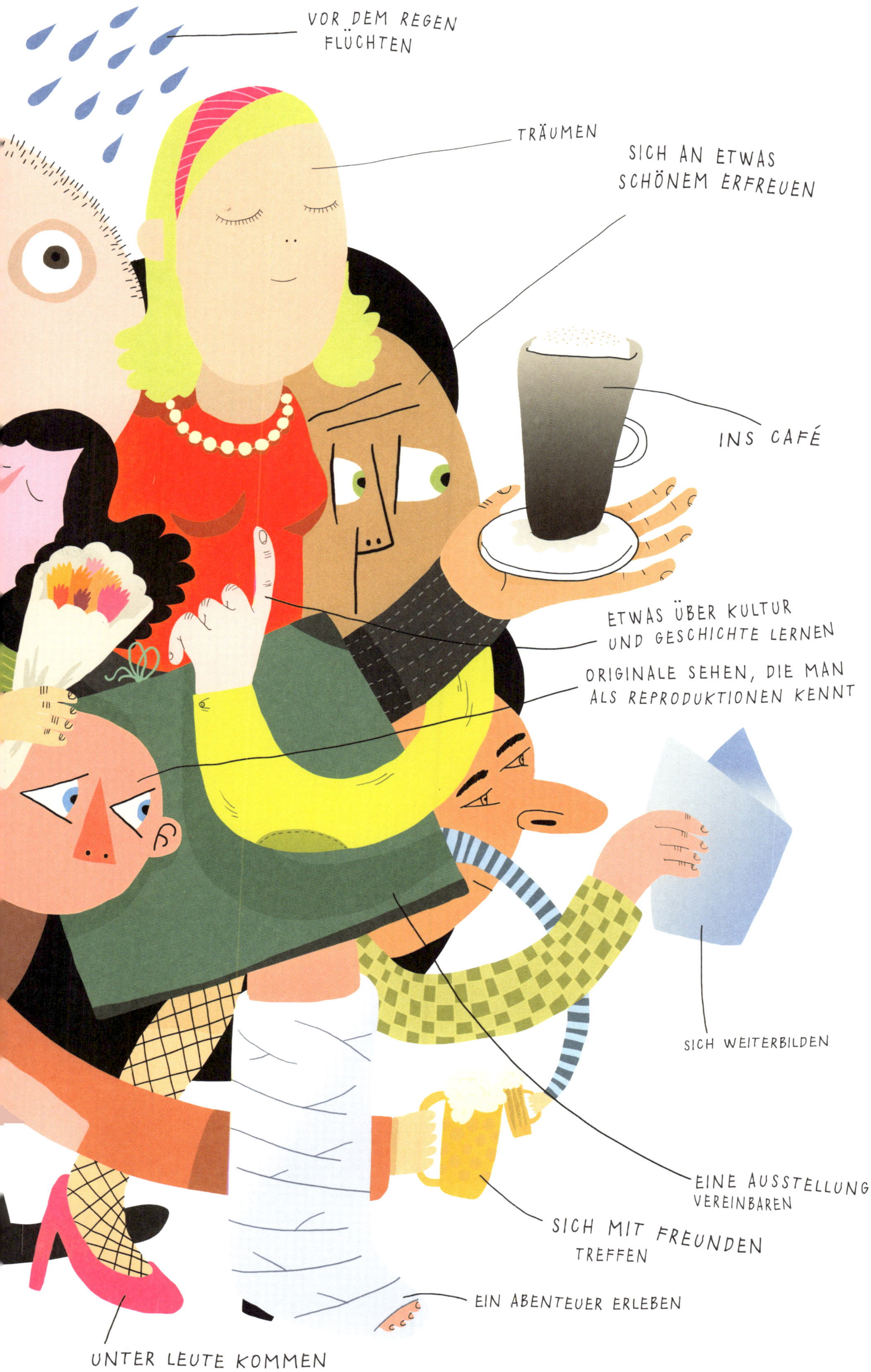

EINEN SINN FÜR SCHÖNHEIT HAT UND DIE WELT GERNE MAL AUS EINEM ANDEREN BLICKWINKEL SIEHT.

WIE EIN MUSEUM INNEN AUSSIEHT

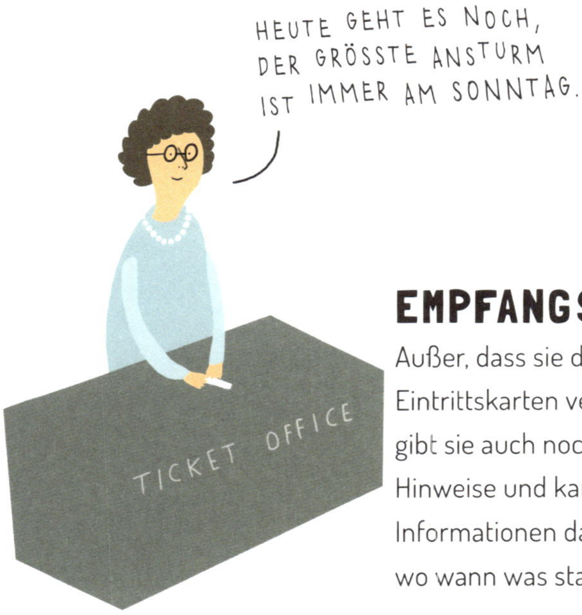

EMPFANGSPERSON

Außer, dass sie die Eintrittskarten verkauft, gibt sie auch noch gute Hinweise und kann euch alle Informationen darüber geben, wo wann was stattfindet.

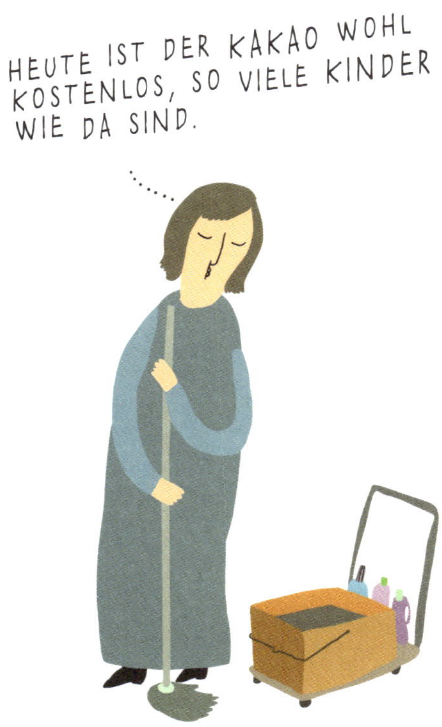

RAUMPFLEGERIN

Sie achtet sorgfältig auf die Sauberkeit in den Räumen des Museums. Dabei muss sie aufpassen, dass sie kein Kunstobjekt zerbricht oder gar wegfegt.

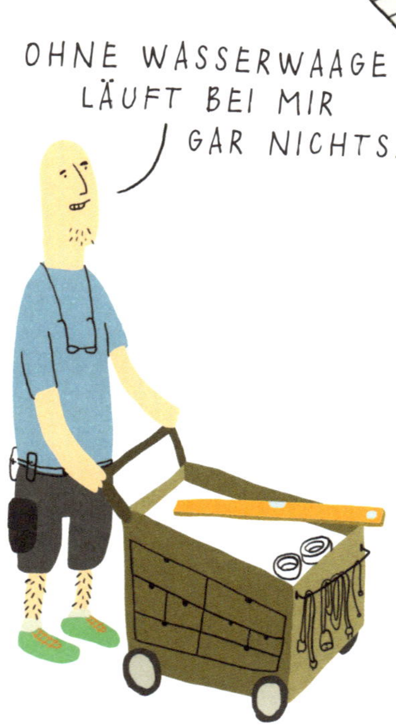

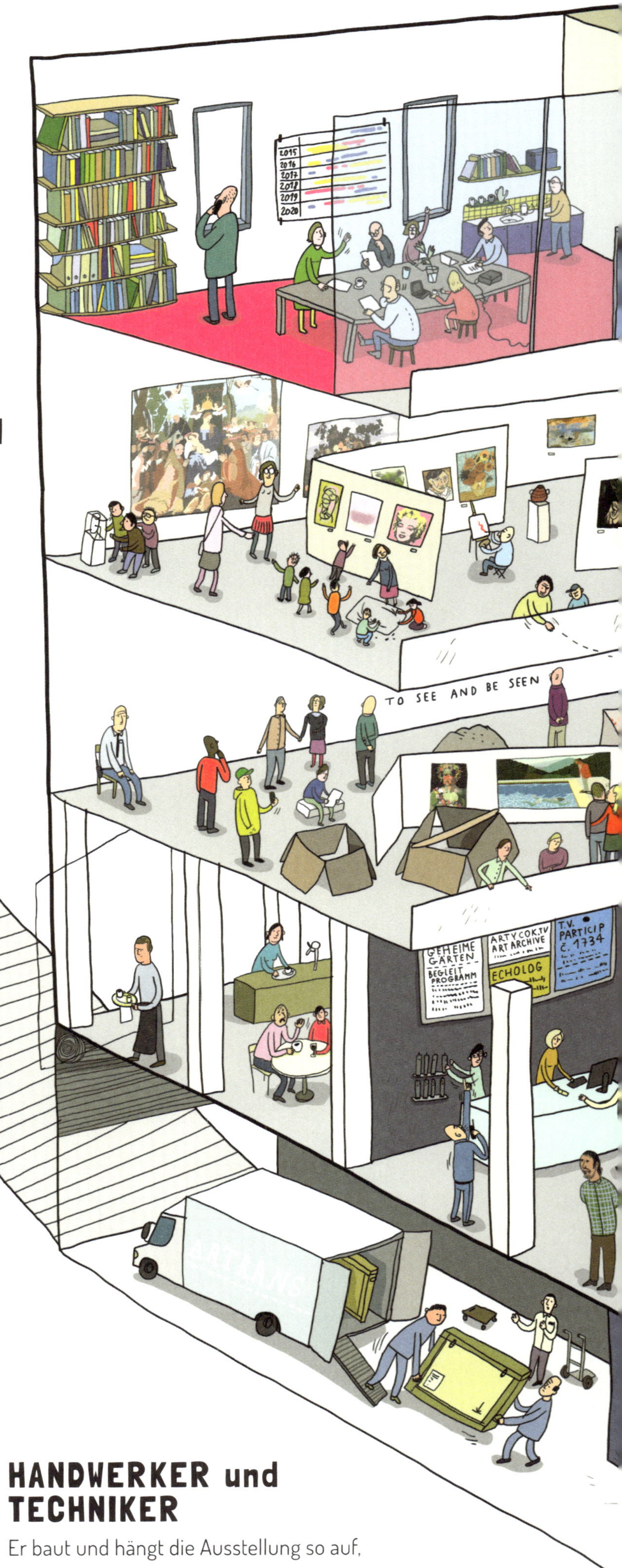

HANDWERKER und TECHNIKER

Er baut und hängt die Ausstellung so auf, wie sich der Kurator und der Architekt das vorstellen, und so, dass nichts herunterfällt.

DIREKTOR

Auf seinen Schultern liegt die Last aller Entscheidungen. Er entscheidet nicht nur darüber, wann welche Ausstellung stattfindet, sondern auch zum Beispiel darüber, ob weitere Stockwerke auf das Gebäude gebaut werden sollen, oder über den Eintrittspreis.

KURATOR

Er entwickelt kühne Ideen für Ausstellungen, bei denen der Verwaltungsleiter und die Leiterin des Ausstellungssekretariats oft erstmal die Hände über dem Kopf zusammen schlagen. Zum Glück gibt es ja noch den Direktor.

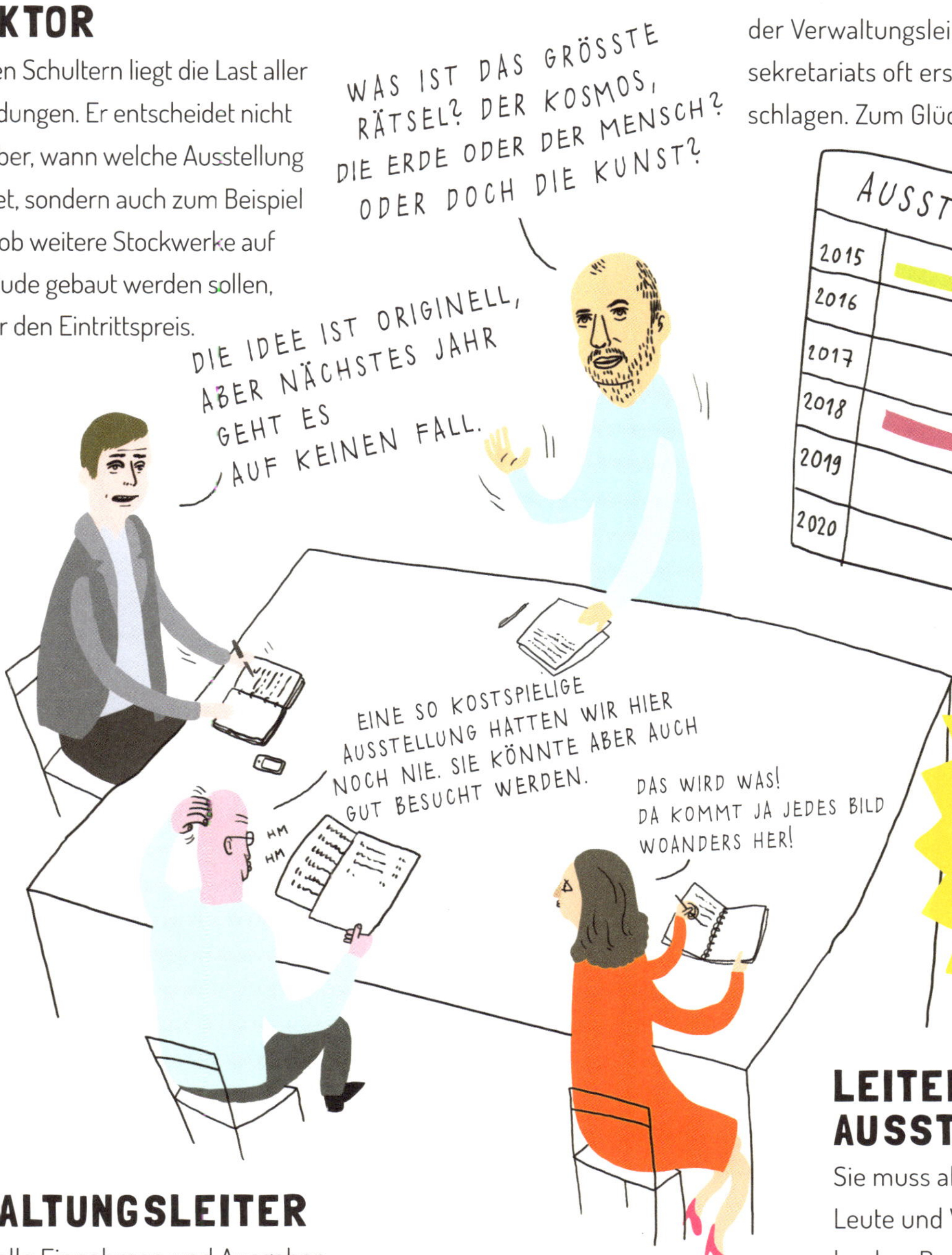

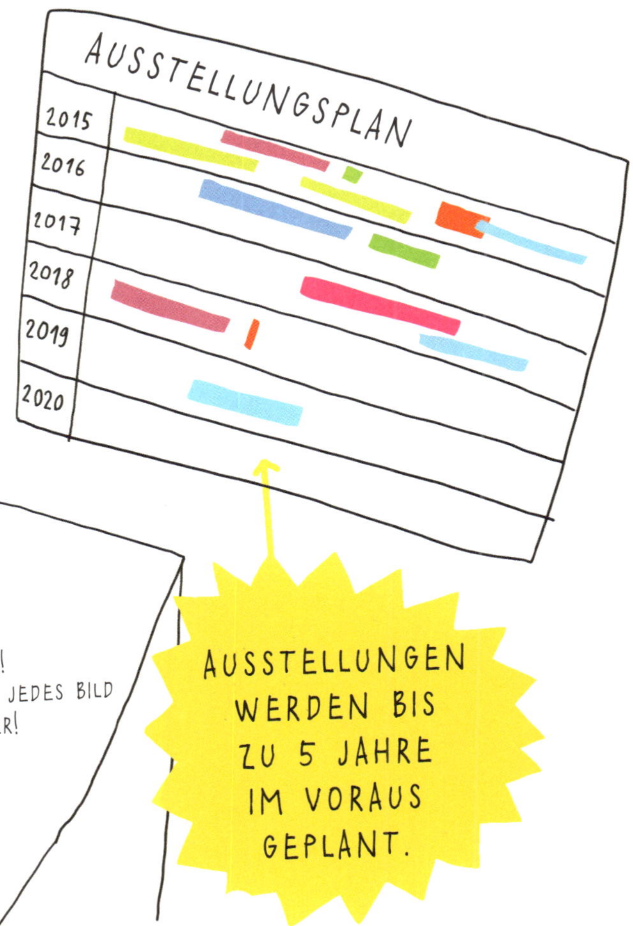

VERWALTUNGSLEITER

Er muss alle Einnahmen und Ausgaben genau verzeichnen und in der Lage sein, alles ordnungsgemäß mit Quittungen und Rechnungen zu belegen.

LEITERIN des AUSSTELLUNGSEKRETARIATS

Sie muss alles so organisieren, dass die einzelnen Leute und Werke rechtzeitig am richtigen Ort landen. Das ist kein Kinderspiel.

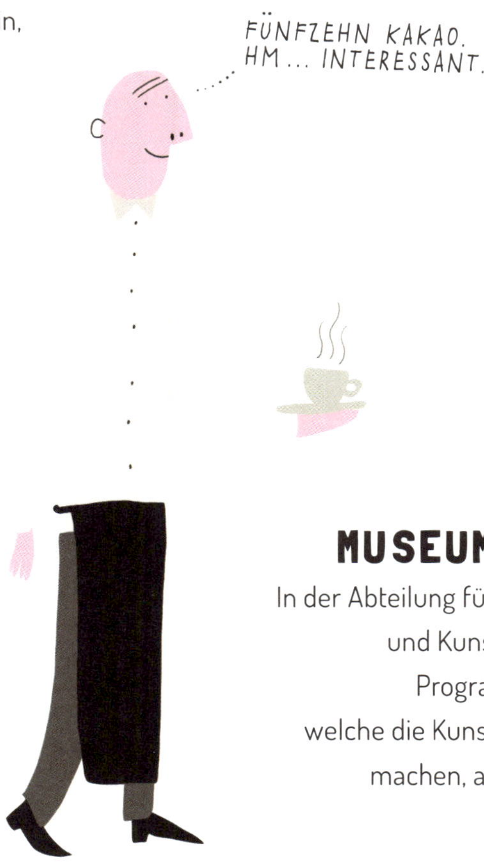

CAFÉBETREIBER

Es gibt nichts besseres, als sich nach dem Besuch einer Ausstellung einen Kaffee zu gönnen. Pardon, einen Kakao.

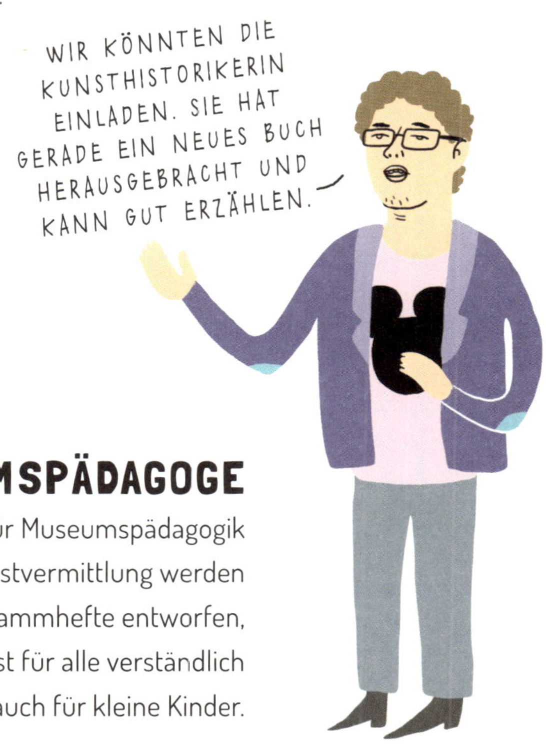

MUSEUMSPÄDAGOGE

In der Abteilung für Museumspädagogik und Kunstvermittlung werden Programmhefte entworfen, welche die Kunst für alle verständlich machen, auch für kleine Kinder.

WIE EIN MUSEUM VON AUSSEN AUSSIEHT

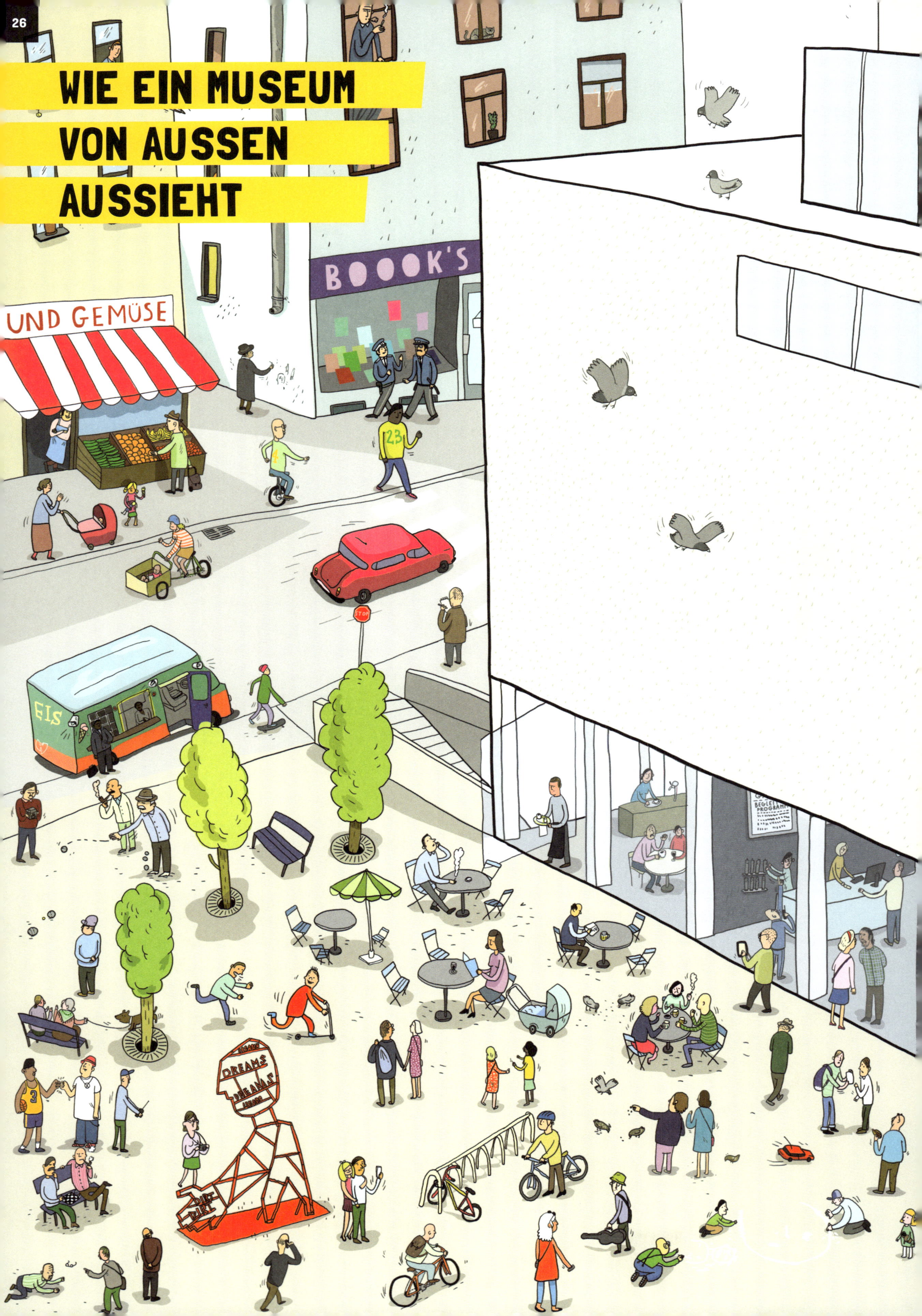

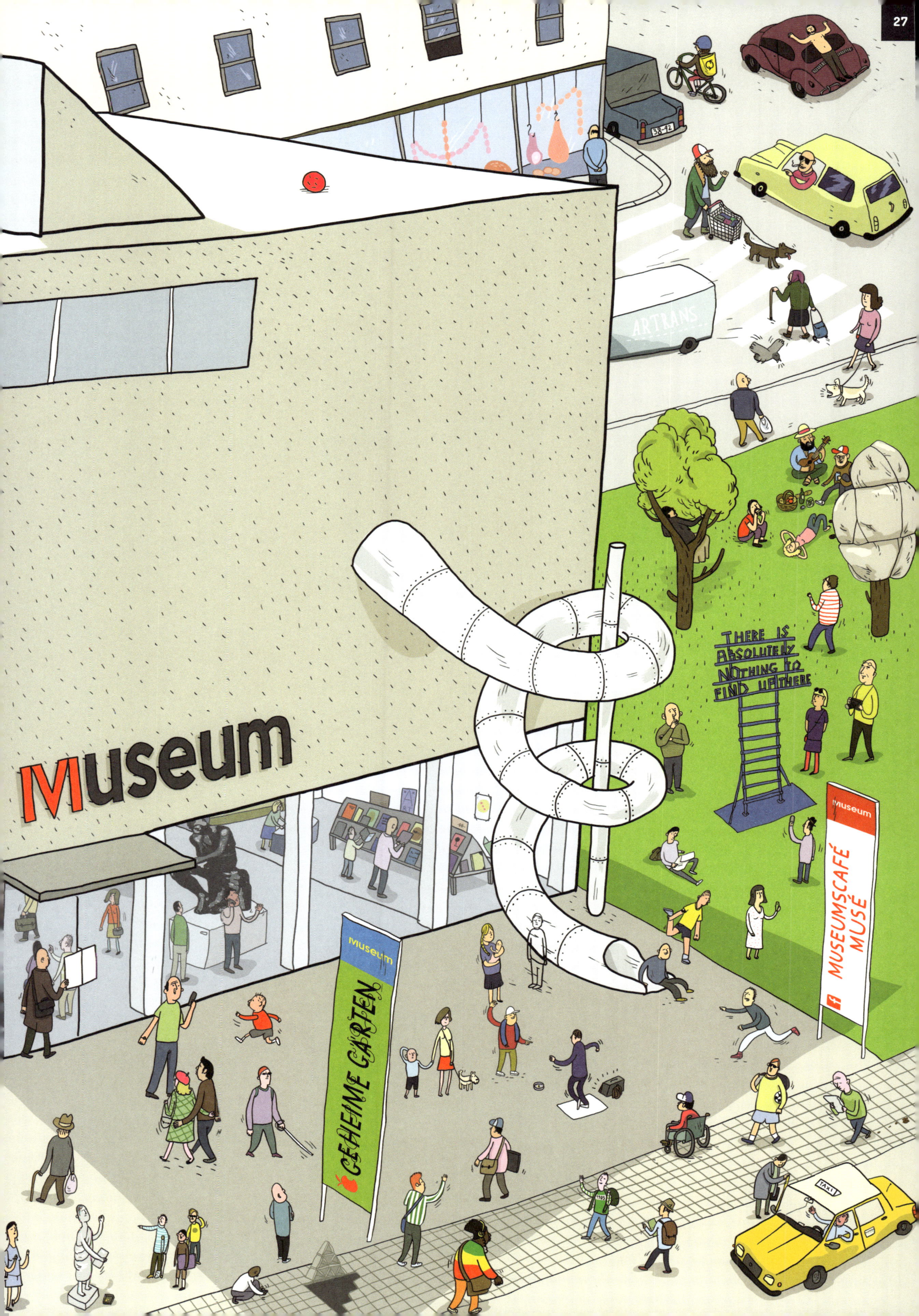
ARTRANS
THERE IS ABSOLUTELY NOTHING TO FIND UP THERE
Museum
Museum
GEHEIME GÄRTEN
Museum
MUSEUMSCAFÉ MUSÉ
TAXI

WER ARBEITET IM MUSEUM?

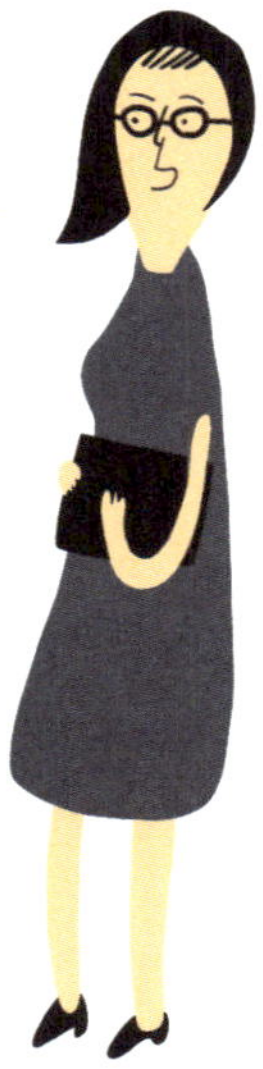

LEITERIN der ÖFFENTLICHKEITSARBEIT

Diese Mitarbeiterin sorgt dafür, dass über das Museum viel geschrieben, gedreht, gesendet und vor allem gesprochen wird und sich die Informationen schnell verbreiten. Ist das Museum gut besucht, dann ist es in erheblichem Maße ihr zu verdanken.

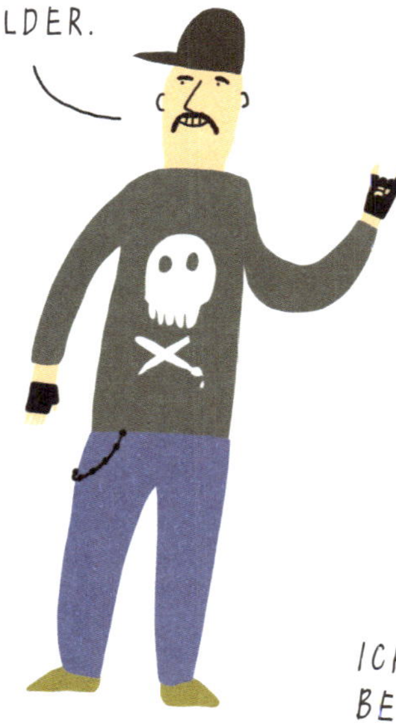

DEPOTVERWALTER

Er schafft es, die Exponate zwischen Tausenden anderen einzuräumen und danach ohne Schwierigkeiten wiederzufinden, wenn sie für eine Ausstellung bereitgestellt werden sollen.

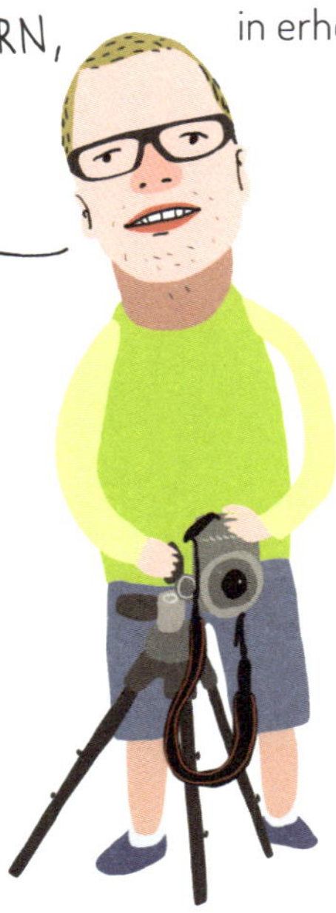

FOTOGRAF

Wenn er die Vernissage fotografiert, muss er vor allem flink sein, während das Fotografieren der Werke für den Katalog ihm eiserne Geduld abverlangt.

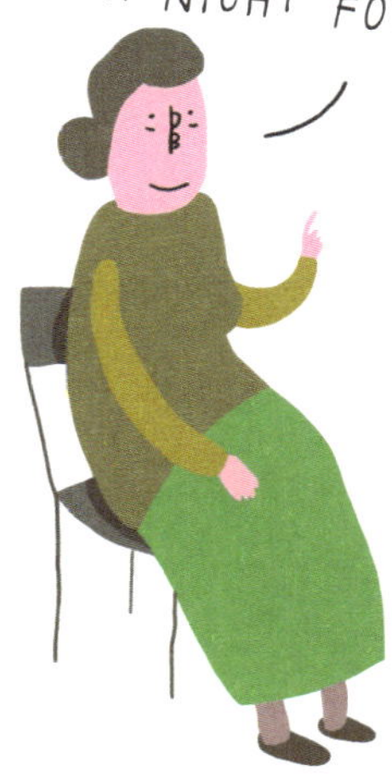

AUFSICHT

Oft bemerkt man sie gar nicht. Sie aber hat ihre Augen überall, und wenn ihr ein Bild anfassen oder im Museum Fangen spielen wollt, wird sie euch deutlich zurechtweisen.

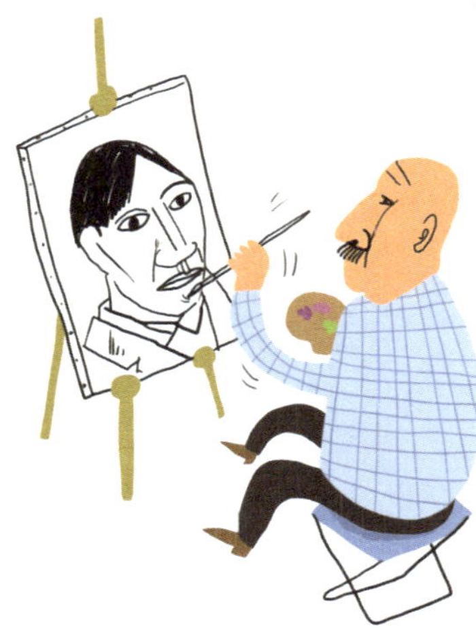

KOPIST

Er bewundert die Meister der alten und modernen Kunst und kann sie perfekt nachahmen. Eine gelungene Kopie kann der Laie meistens gar nicht vom Original unterscheiden.

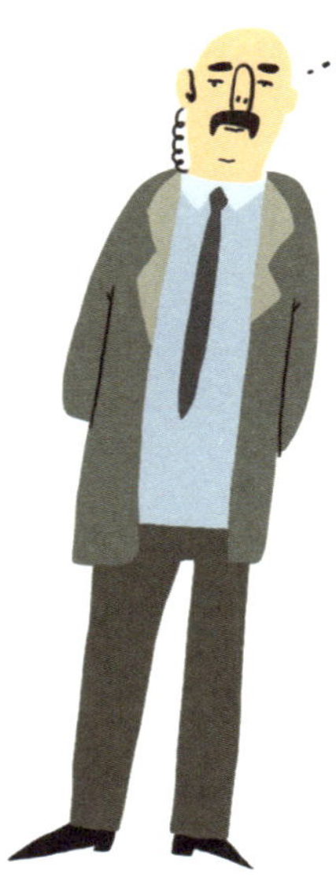

WACHPERSON oder „SECURITY"

Er richtet seinen Blick auf die Monitore und verdächtige Individuen. Er darf nicht zulassen, dass jemand im Museum etwas klaut oder ins Gebäude hinein kommt, wenn es geschlossen ist.

HAUSMEISTER

Er kennt jede Ecke des Museums, er weiß, wo die Tür nicht richtig schließt, das Licht kaputt ist oder das Toilettenpapier fehlt. Einen abenteuerlicheren Arbeitsplatz gibt es im ganzen Museum nicht.

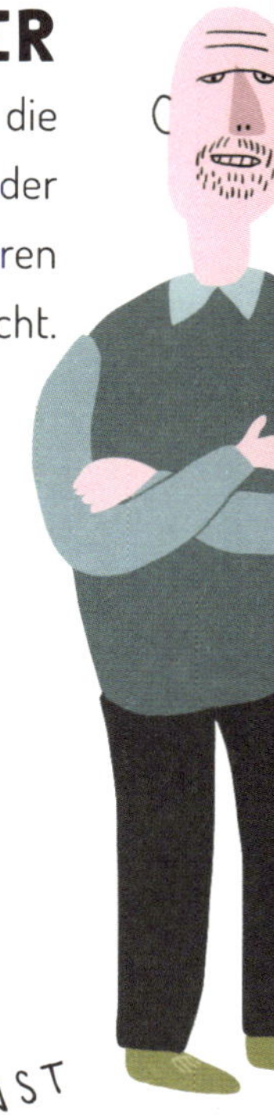

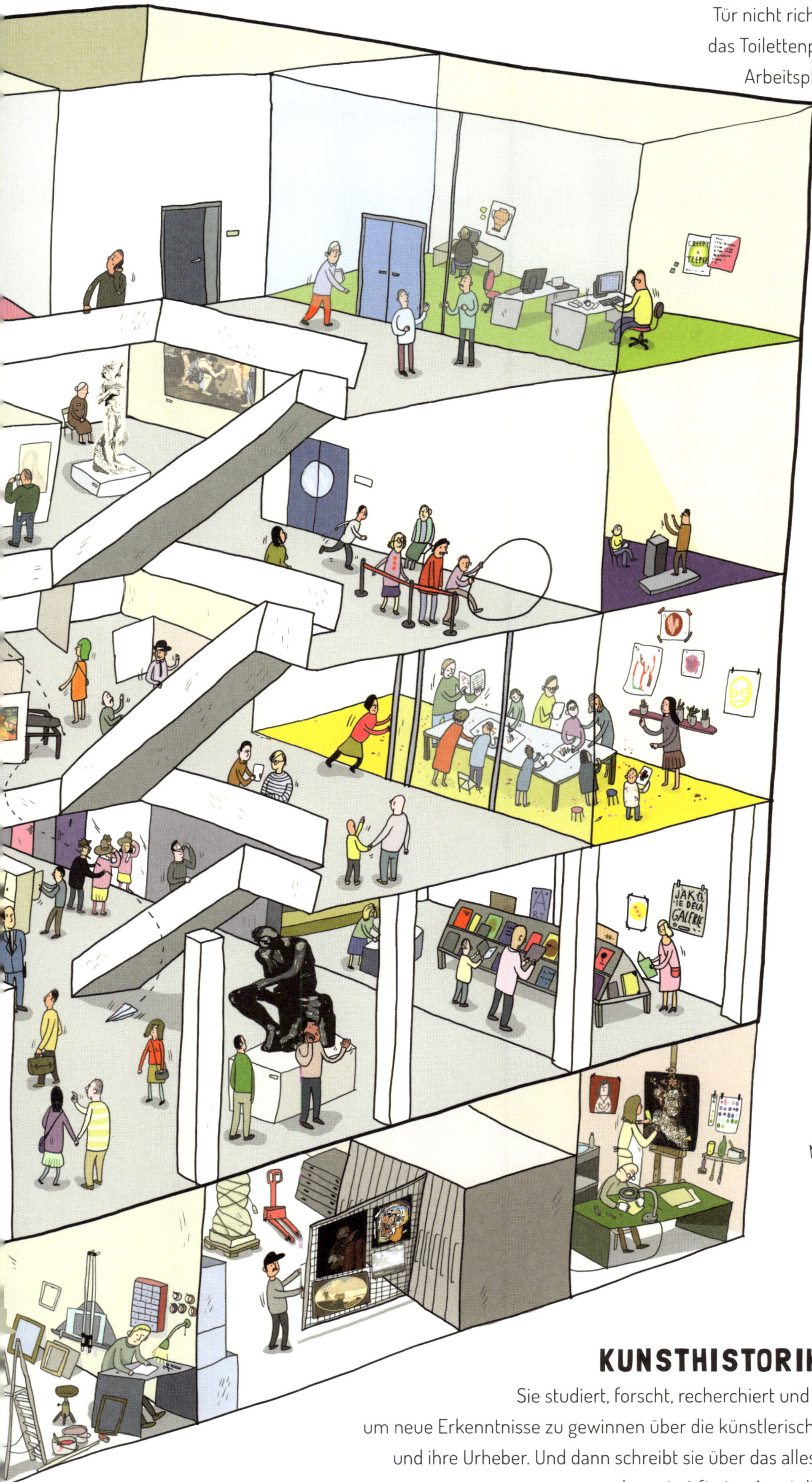

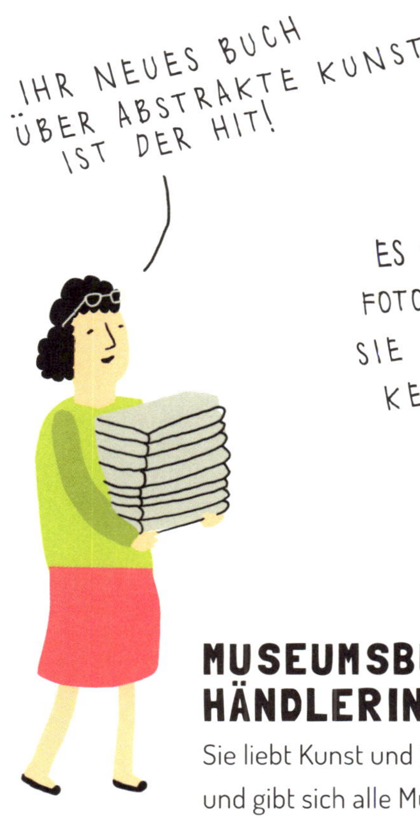

MUSEUMSBUCH-HÄNDLERIN

Sie liebt Kunst und Bücher und gibt sich alle Mühe, dass im Museumsladen möglichst alle erhältlich sind. Oder wenigstens die wichtigen.

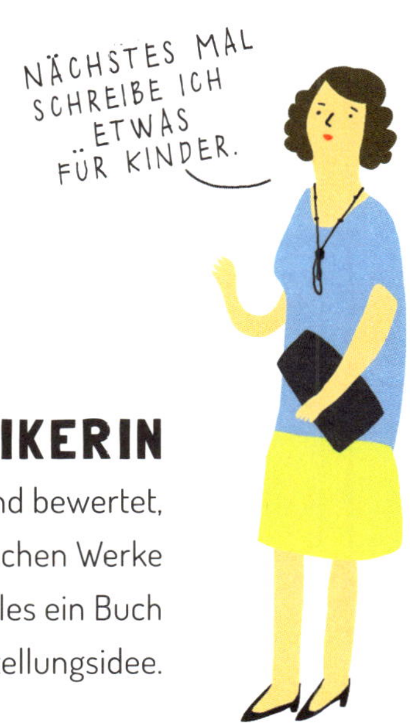

KUNSTHISTORIKERIN

Sie studiert, forscht, recherchiert und bewertet, um neue Erkenntnisse zu gewinnen über die künstlerischen Werke und ihre Urheber. Und dann schreibt sie über das alles ein Buch oder entwirft eine Ausstellungsidee.

WAS KANN MAN NOCH IM MUSEUM MACHEN?

DENKT IHR, IM MUSEUM WIRD ES LANGWEILIG? DAS MUSEUMSTEAM VERHINDERT DAS NACH ALLEN REGELN DER KUNST. DIE RUHE UND DIE STILLE ÄNDERN DARAN NICHTS, DENN SIE HABEN IM MUSEUM IHREN SINN.

Die Ruhe ist wichtig, damit die Besucher die Werke wahrnehmen können. Das ist so wie in der Bibliothek. Die Leute kapseln sich von allen Störgeräuschen ab und vertiefen sich in ein Buch oder lassen Bilder auf sich wirken, in denen Maler ihren Gefühlen Ausdruck verliehen haben. Und für alle, die sich auch nur ein ganz kleines bisschen zu langweilen anfangen, gibt es geführte Besichtigungen, Zeichenkurse, Gespräche mit Künstlern, Vorträge sowie künstlerische Auftritte und Konzerte. Museen sind Magneten für kreative und ungewöhnliche Leute, mit denen keine Langeweile aufkommt.

Um Leute ins Museum zu locken und sie für Kunst zu interessieren, braucht man nicht nur gute Ideen, sondern auch Leute, die diese Ideen umsetzen können. Dafür gibt es die Abteilungen Museumspädagogik und Öffentlichkeitsarbeit. Sie organisieren von früh bis spät Veranstaltungen, halten Vorträge, geben Workshops oder führen Gruppen plappernder Kinder und kunstliebhabender Senioren durch die Ausstellungen.

WORKSHOP / WERKSTATT

Kreativkurse geben den Besuchern die Möglichkeit, mit den eigenen Händen etwas zu erschaffen. Sie verstehen dann oft auch besser, wie ein künstlerisches Werk überhaupt entsteht.

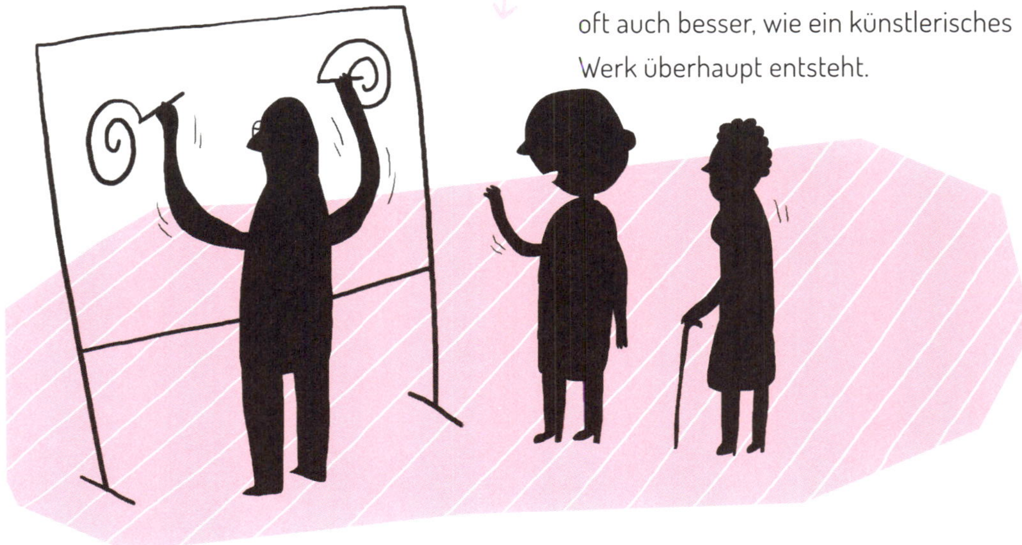

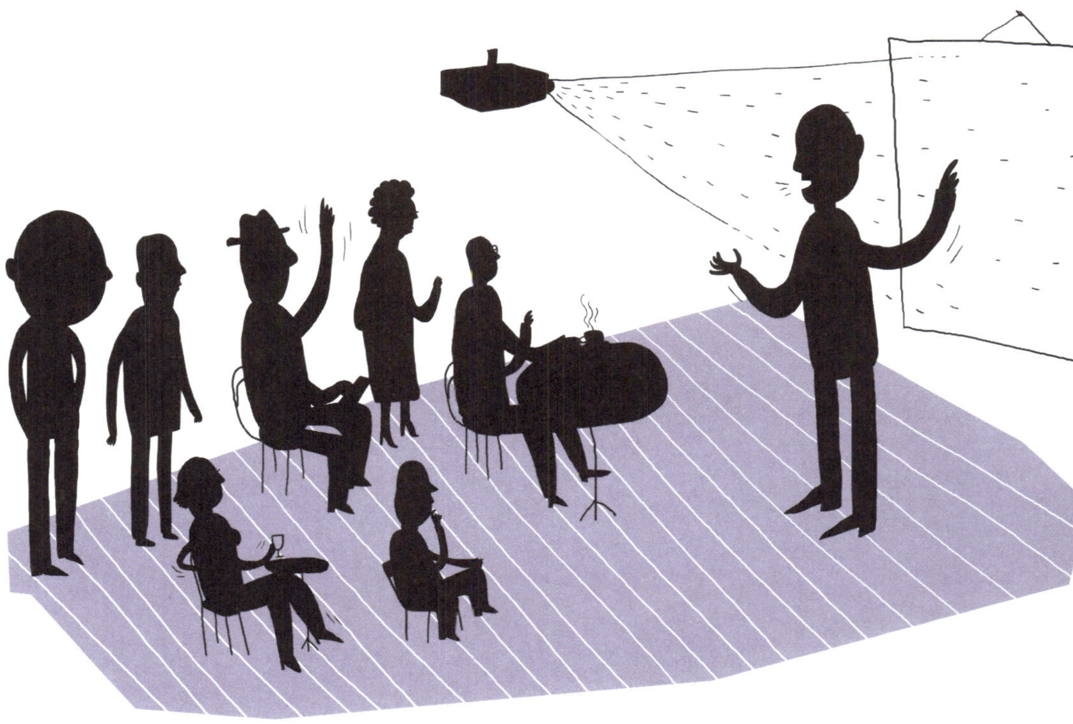

VORTRAG

Die Vorträge finden oft in angenehmer Atmosphäre statt, es duftet nach Kaffee und die Besucher hören aufmerksam zu. Die Vortragenden sind meist hochkarätige Maler oder Kunstexperten, darum ist so eine Begegnung für den Zuhörer auch ein außergewöhnliches Erlebnis.

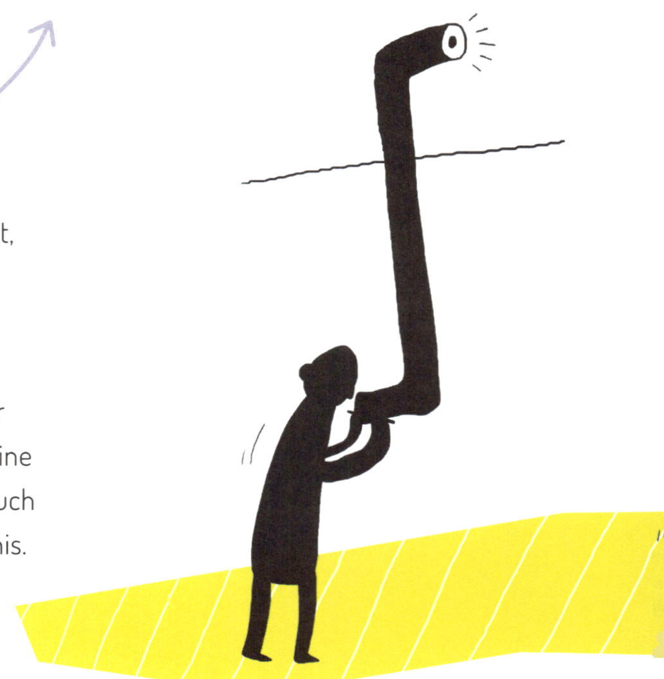

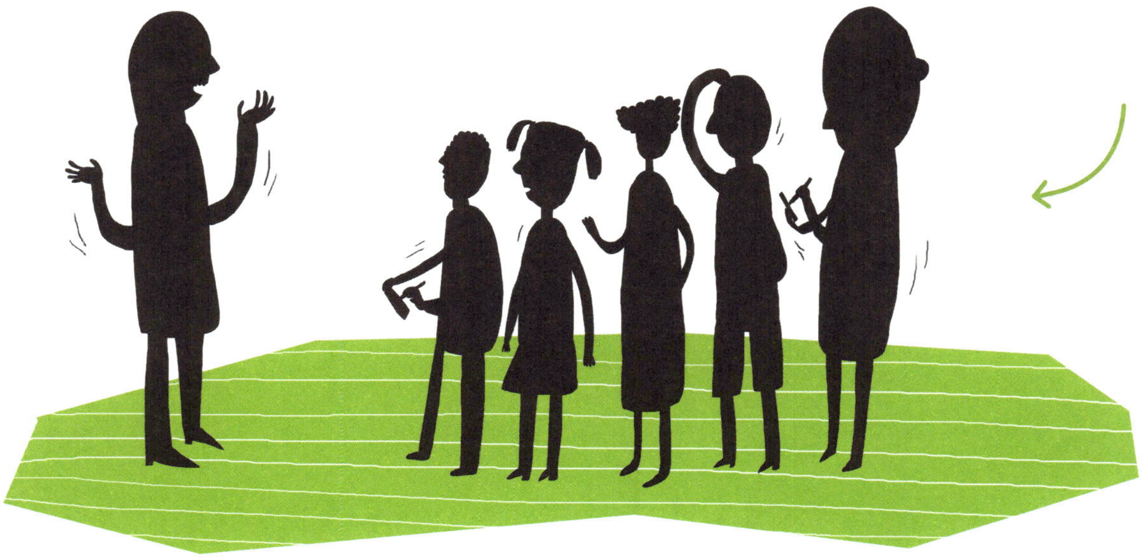

GEFÜHRTE BESICHTIGUNG

Wenn euch der Kunstvermittler direkt vor Ort etwas über die ausgestellten Werke sagt, findet ihr viel leichter einen Zugang dazu. Ein Museum organisiert viele kommentierte Besichtigungen für Kinder, Studenten und Erwachsene.

PERFORMANCE

Ein Museum inspiriert nicht nur Maler dazu, sich künstlerisch auszudrücken. Ihr könnt hier auch „Performances" erleben – also künstlerische Aufführungen, in denen Tanz, Theater und Musik miteinander verbunden werden.

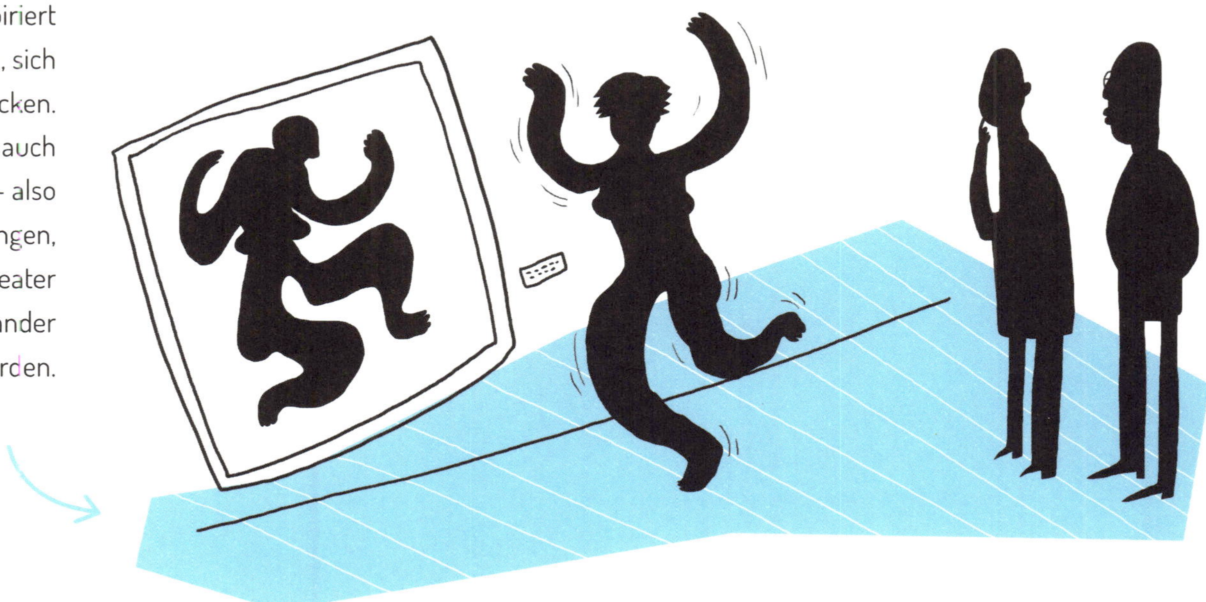

KINDERWERKSTATT

Kinder können nicht so lange konzentriert bei einer Sache bleiben. Deswegen gibt es für sie im Museum Kinderwerkstätten, wo sie ausprobieren können, mit verschiedenen Materialien zu basteln, zu zeichnen, zu malen oder zu modellieren.

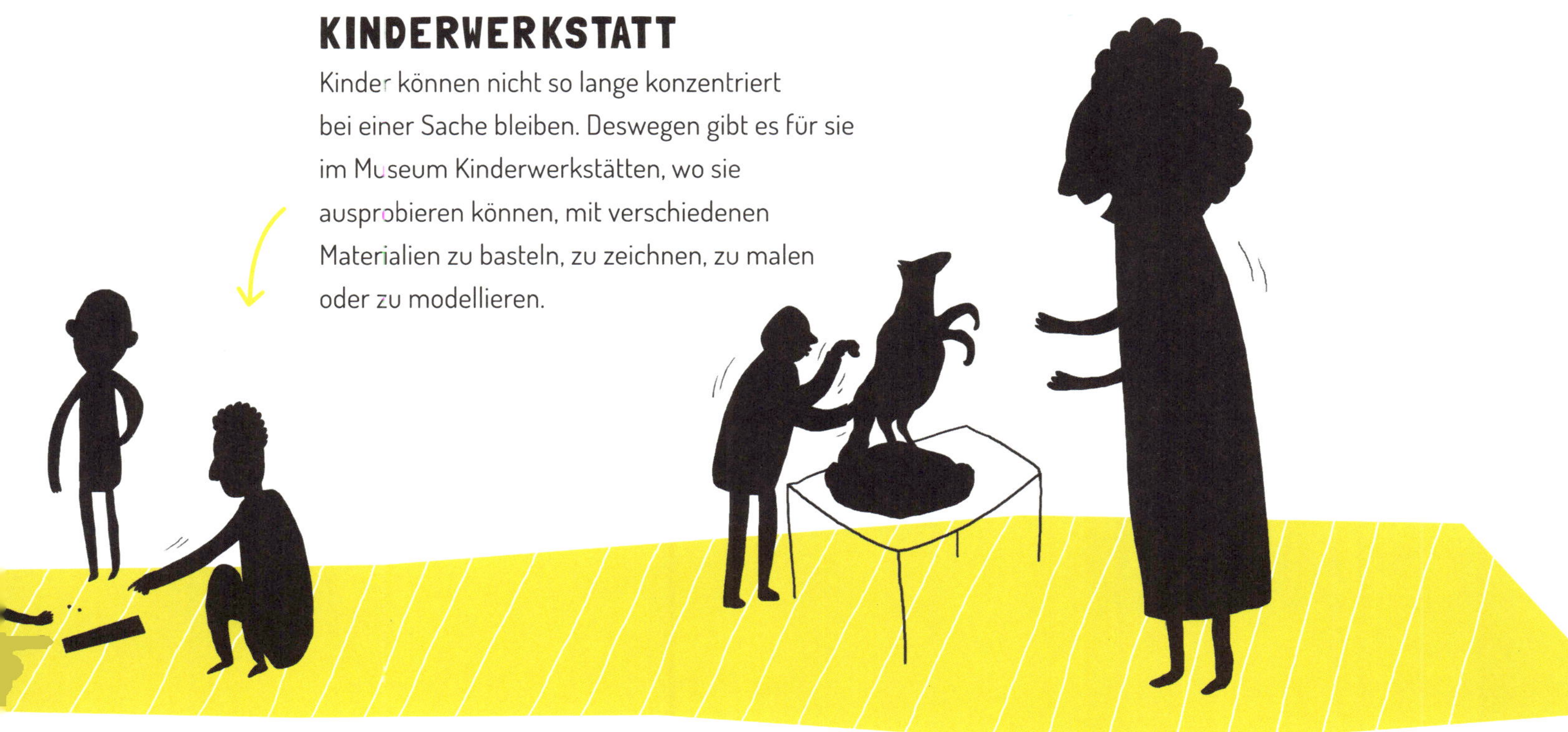

WIE WERDEN KUNSTWERKE IM MUSEUM GESCHÜTZT?

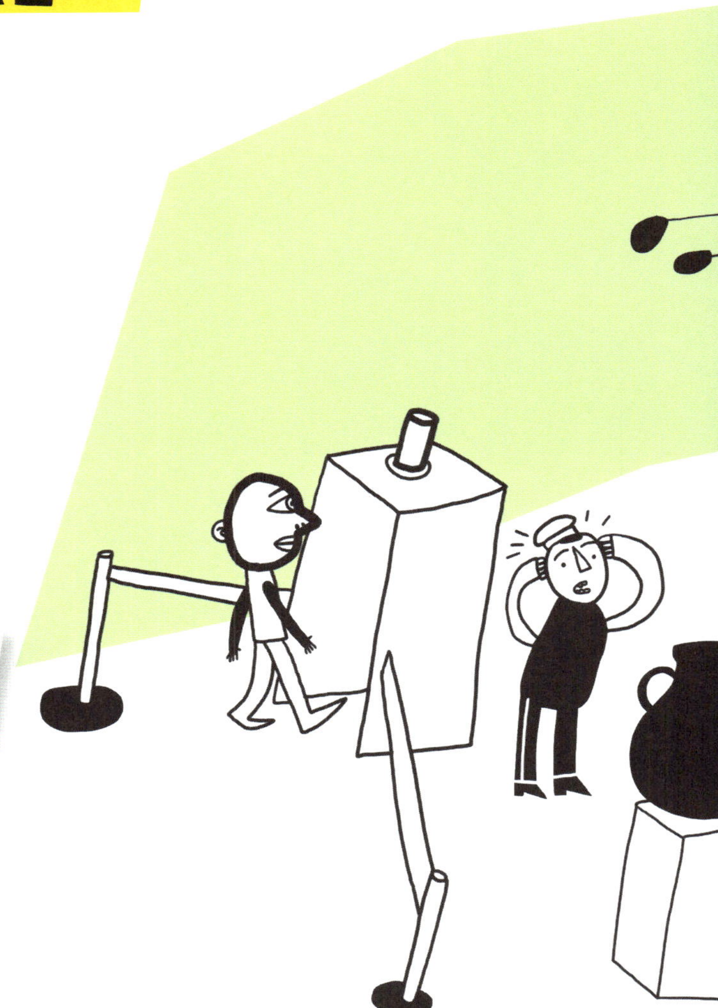

DIE MONA LISA WURDE GESTOHLEN!

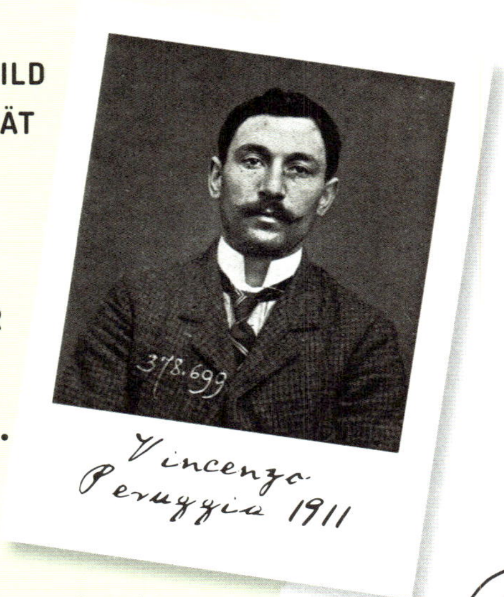

WELCHES IST DAS BERÜHMTESTE BILD DER WELT? DAS MONA-LISA-PORTRÄT DES ITALIENISCHEN RENAISSANCE-MALERS LEONARDO DA VINCI. UND WODURCH WURDE ES DERART BERÜHMT? OB IHR ES GLAUBT ODER NICHT, ES WAR EIN DIEBSTAHL.

Eines heißen Augusttages im Jahr 1911 forderte ein hartnäckiger Louvre-Besucher unerbittlich, das Bild der Mona Lisa zu Gesicht zu bekommen. So wie alle anderen Besucher war er durch eine Unzahl von Sälen gelaufen, um endlich den Salon Carré zu betreten. Aber an dem Ort, wo das Bild hängen sollte, ragten nur vier Eisenhaken aus der Wand. Die Mitarbeiter sagten, das Bild müsse beim Fotografen sein. An Kunstraub dachten sie nicht. Erst der herbeigeholte Museumsdirektor rief beim Anblick der kahlen Wand entsetzt aus: „Die Mona Lisa wurde gestohlen!" Ganz Paris geriet in Aufruhr, die gesamte Polizei war auf den Beinen, aber die Mona Lisa war wie vom Erdboden verschluckt.

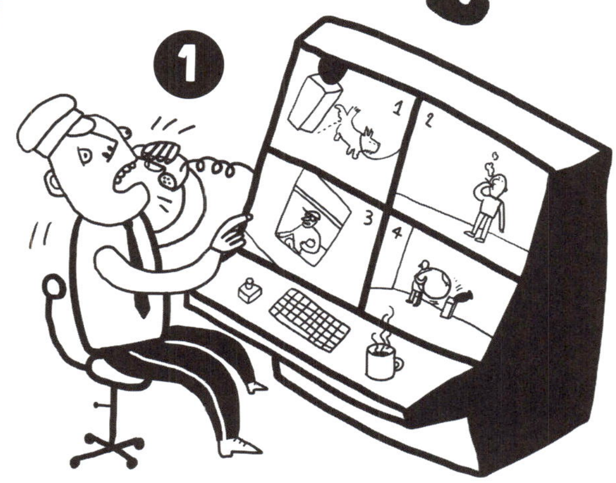

Alle internationalen Zeitungen veröffentlichten Fotos der Mona Lisa, übertrafen sich mit ausgeschmückten Schilderungen und behaupteten berichten zu können, wer es gewesen war und wie es dazu kommen konnte. Nach zwei Jahren aber traf im Pariser Polizeikommissariat eine Nachricht aus Florenz ein, das gestohlene Bild sei aufgetaucht. Der Dieb war der italienische Dekorationsmaler Vincenzo Peruggia. Den Ermittlungen zufolge war er einen Tag vor der Tat in den Louvre gekommen und hatte sich in einer Besenkammer versteckt. Dort blieb er über Nacht, ging am Morgen des nächsten Tages in Dienstbekleidung zum Bild der Mona Lisa, nahm es herunter und spazierte damit zum Dienstausgang hinaus. Dann versteckte er das Bild im doppelten Boden eines Koffers. Nach einiger Zeit informierte er den Direktor der Galerie Uffizien in Florenz, dass er ihm die Mona Lisa verkaufen könne. Er wolle nämlich, dass das berühmte Bild in sein Heimatland zurückkehrt. Der Museumsdirektor ließ sich jedoch von diesem Patriotismus nicht beeindrucken. Er zeigte Vincenzo Peruggia bei der Polizei an, und der landete im Gefängnis. Der Ruhm der Mona Lisa hat bis heute nicht abgenommen, im Gegenteil. Um sie zu sehen, kommen pro Jahr mehr Menschen in den Louvre, als in ganz Österreich leben.

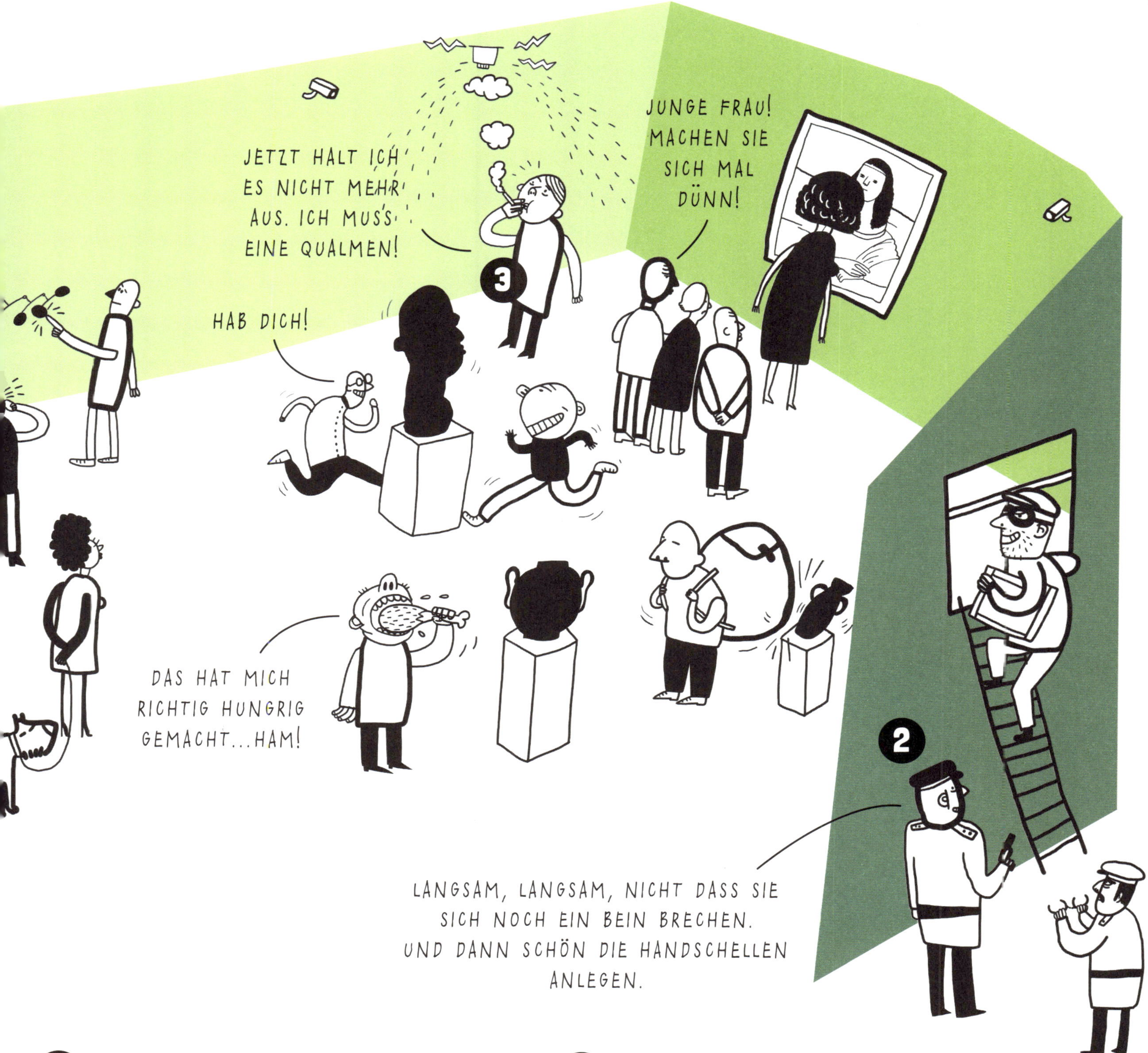

1 In manchen großen Museen müsst ihr vor dem Betreten der Ausstellungsräume durch eine Sicherheitsschleuse gehen, so wie am Flughafen, und die Security schaut in eure Taschen und Rucksäcke, um sicherzugehen, dass ihr nichts Gefährliches dabei habt.

Die Aufsichten passen in den Ausstellungshallen auf, dass die Besucher die Ausstellungsstücke nicht anfassen. Sie haben Funkgeräte oder Mobiltelefone, damit sie sich mit den Mitarbeitern vom Gebäudeschutz in Verbindung setzen können. Die sitzen im Kontrollraum und verfolgen auf Bildschirmen das ganze Geschehen im Museum. Wenn ein Dieb erwischt wird, drückt einer der Mitarbeiter den Notfallknopf und alarmiert damit die Polizei.

2 Die Polizei kommt schnell herbei, auch wenn jemand etwa beschließt, im Museum zu übernachten. An den Fenstern sind Sensoren angebracht, die einen Alarm auslösen, wenn jemand sie aufmacht. Auch in den Hallen sind Sensoren versteckt, die Alarm schlagen, wenn jemand auf die Idee kommt, das Museum mitten in der Nacht zu besuchen. Die Polizei begleitet auch den Transport von wertvollen Kunstobjekten.

3 Wenn im Museum ein Feuer ausbricht, lösen die Rauchmelder die Feuerlöschanlage aus und alarmieren zugleich die Feuerwehr und die Polizei. Wasser ist für Kunstobjekte genauso schädlich wie Feuer. Deshalb verwenden die Löschanlagen statt Wasser eine spezielle Gasmischung.

WIE KOMMT DAS KUNSTWERK INS MUSEUM?

KAUF

Der Kauf ist neben der Schenkung die gebräuchlichste Art für ein Museum, seinen Bestand zu erweitern. Über die Bedingungen verhandeln die Kuratoren mit den Künstlern selbst oder mit den Eigentümern, dann mit Anwälten. Schlussendlich trifft sich im Museum die Erwerbungskommission, die den Kauf bewilligen muss.

AUKTION oder VERSTEIGERUNG

Eine Veranstaltung, bei der oft die Emotionen hochgehen. Alle versuchen, die Kunstwerke für ihre Sammlungen zu ergattern. Die Interessenten haben ein Schild in der Hand, mit dem sie zeigen, dass sie das Werk kaufen wollen. Mit jedem Gebot erhöht sich der Preis des Werkes, das versteigert wird. Manchmal muss man strategisch vorgehen, wie beim Pokern.

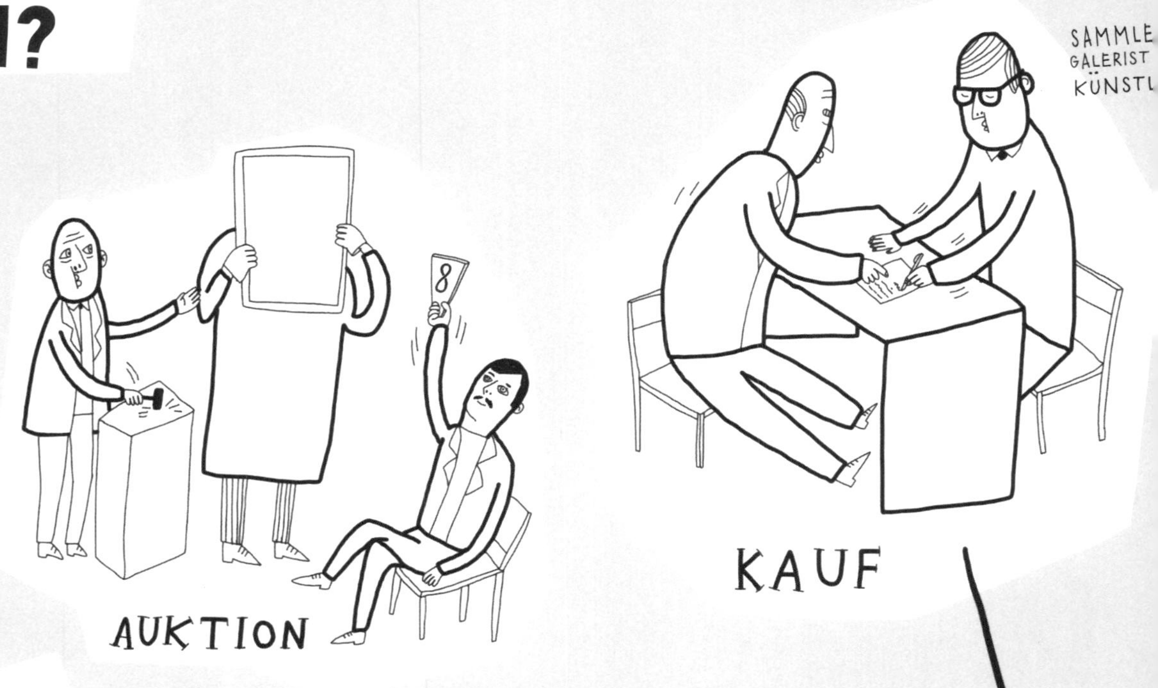

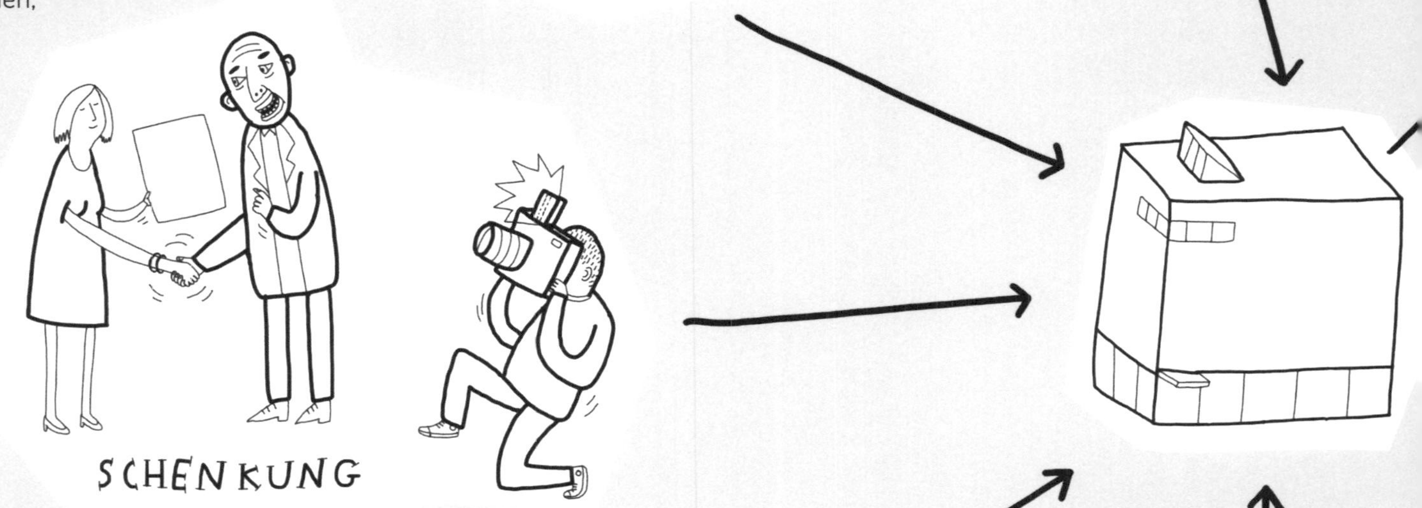

SCHENKUNG/ DAUERLEIHGABE

Die Schenkung ist die wohl beliebteste Art, eine Sammlung zu vergrößern, weil sie so wenig kostet. Aber auch das Geschenk muss erstmal eine Kommission prüfen, denn nicht jedes Werk passt in die Sammlung eines Museums.

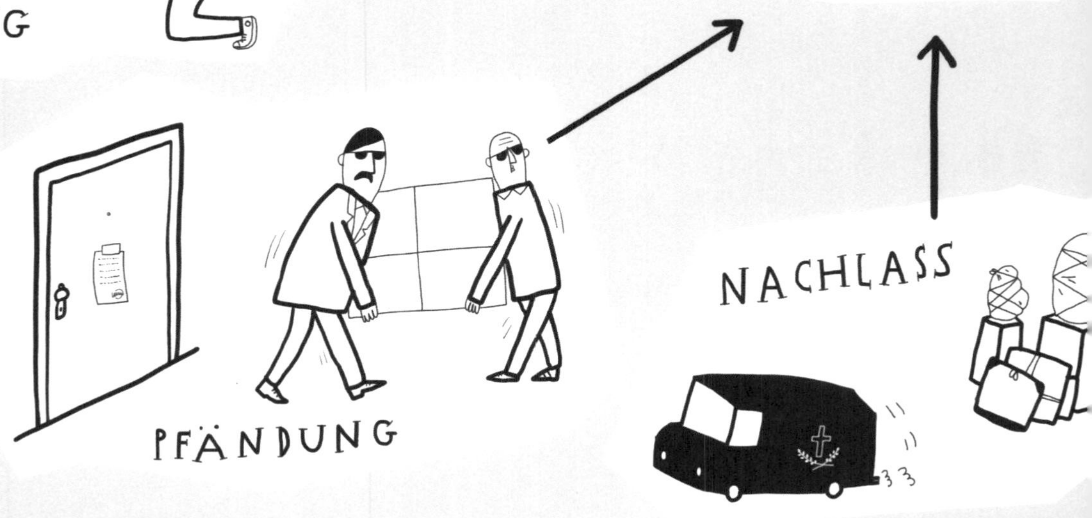

BESCHLAGNAHMUNG oder KONFISZIERUNG

Beschlagnahmungen von Kunstwerken gab es leider schon oft. Während des Zweiten Weltkriegs zum Beispiel wurden jüdischen Familien ihre Kunstwerke weggenommen. Soweit möglich, werden beschlagnahmte Objekte heute ihren Eigentümern oder deren Erben zurückgegeben. Das nennt man Restitution.

NACHLASS/ERBSCHAFT

Oft vererben Künstler ihre Werke selbst einem Museum. Manche stellen im Testament Bedingungen auf, die das Museum erfüllen soll. Dieses entscheidet dann, ob es den Forderungen entsprechen kann.

FÄLSCHUNG?

Es ist die Aufgabe von Kunsthistorikern, Kuratoren und Restauratoren, zu verhindern, dass ein gefälschtes statt eines echten Bildes gekauft wird. Sie müssen auch die Sammlung daraufhin überprüfen, ob das Museum in der Vergangenheit bereits Fälschungen gekauft hat.

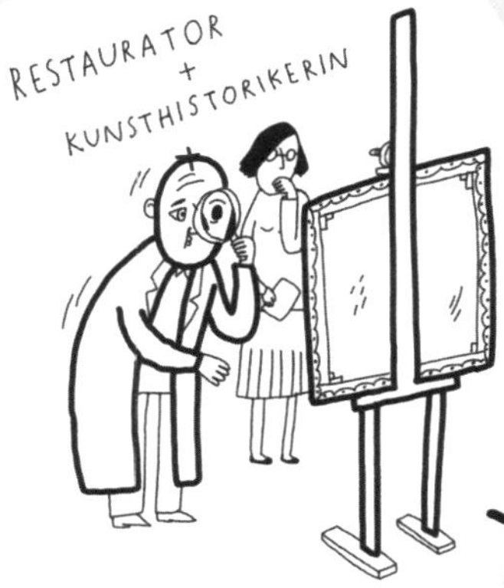

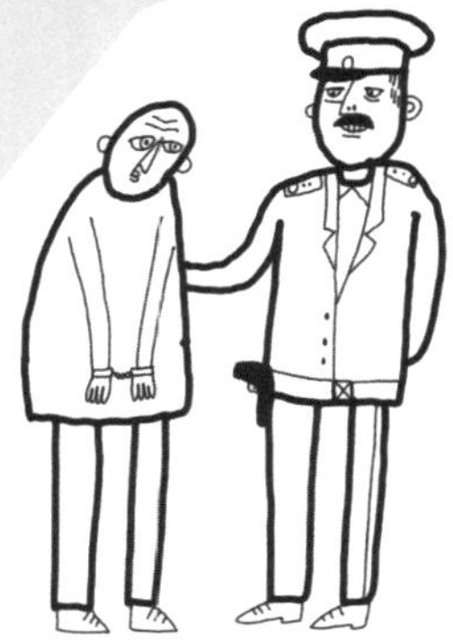

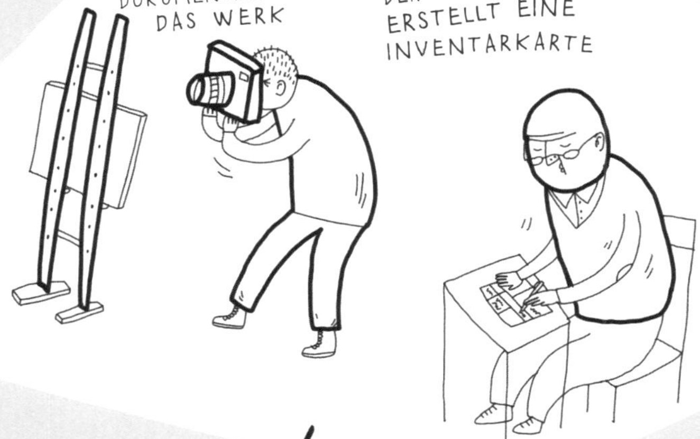

DAUERAUSSTELLUNG – WECHSELAUSSTELLUNG

Die besten und interessantesten Werke wandern vom Depot direkt in die Dauerausstellung, oder andere Museen fordern sie an, weil sie in eine ihrer Wechselausstellungen passen.

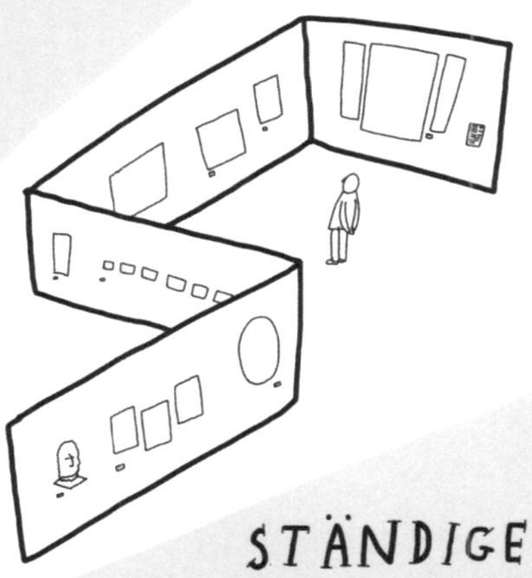

DOKUMENTATION und ERFASSUNG

Der Kurator gibt dem neuen Kunstwerk eine Nummer und erfasst es im Inventarbuch, wo er auch den Zustand des Werkes vermerkt und in dem später alle Informationen über durchgeführte Eingriffe aufgelistet werden. Das Werk wird hier auch fotografisch festgehalten.

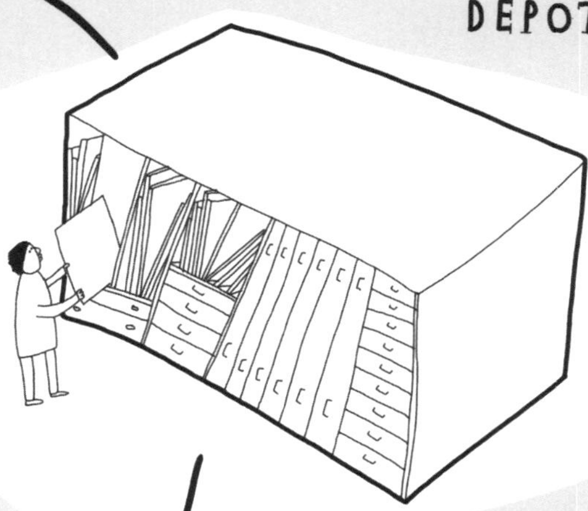

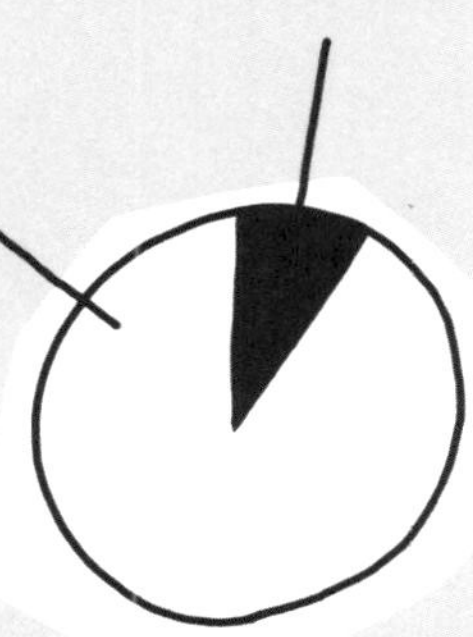

GRAFIK:

Im Depot 90%,
in einer Ausstellung 10%

DEPOT

Im Depot sucht der Depotverwalter für das neue Kunstwerk einen guten Platz und schreibt den Standort in die Datenbank, damit er das Objekt auch in Zukunft wiederfinden kann.

WIE LAGERT MAN KUNST?

IHR GLAUBT JA GAR NICHT, AUF WIE VIELE VERSCHIEDENE ARTEN MAN EIN KUNSTWERK BESCHÄDIGEN KANN! ES KANN ZERSPLITTERN, SCHMELZEN ODER AUSLAUFEN, MAN KANN ES VERSCHMIEREN, ZERKNITTERN, ZERREISSEN, BESCHMUTZEN, ZERKNICKEN, ZERBEULEN, BESPRITZEN ODER DURCHREISSEN, ES KANN ZERBERSTEN ODER RISSIG WERDEN, VERSCHIMMELN, VERGILBEN, VERBLASSEN, NACHDUNKELN, VERBRENNEN UND MANCHMAL SOGAR STERBEN. MIT ALL DEM MUSS EIN MUSEUM RECHNEN UND MIT ALLEN MITTELN VERSUCHEN, ES ZU VERHINDERN!

Die erste Maßnahme gegen Beschädigungen besteht darin, dass ein Museum nur verantwortungsvolle Mitarbeiter einstellt, die mit den Objekten vorsichtig umgehen und auf Sauberkeit und Ordnung achten. Die zweite Maßnahme ist die richtige Aufbewahrung der Kunstwerke. Diese werden entweder ausgestellt oder im Magazin oder Depot eingelagert. Man muss gut auf sie aufpassen. Sie müssen vor Einbrüchen, Feuer und Überschwemmungen geschützt werden. So gesehen wäre es für das Museum wohl am besten, wenn es überhaupt keine Fenster hätte und weit oben auf einem Berg stünde. Ansonsten geht es Kunstwerken da gut, wo es uns auch gut geht. Jedes Extrem stört sie: große Hitze, klirrende Kälte, hohe Luftfeuchtigkeit, grelles Licht … Dann schwitzen sie, frieren, krümmen sich oder vertrocknen.

INVENTAR-DATENBANK

Mit Hilfe der Datenbank findet man im Depot jedes Objekt schnell wieder. Hier steht die Nummer des Fachs, des Regals, der Box oder der Schiebewand, wo sich das Werk befindet.

THERMOHYGROGRAPH und QUECKSILBERTHERMOMETER

Angaben über Temperatur und Feuchtigkeit kann man auch mit altbewährten Geräten gewinnen. Der Thermohygrograph zeichnet auf einer Papierwalze die Temperatur und die Luftfeuchtigkeit auf. Das Quecksilberthermometer misst nur die Temperatur.

BRANDSCHUTZ-SICHERHEITSTÜR mit CHIPKARTENLESER

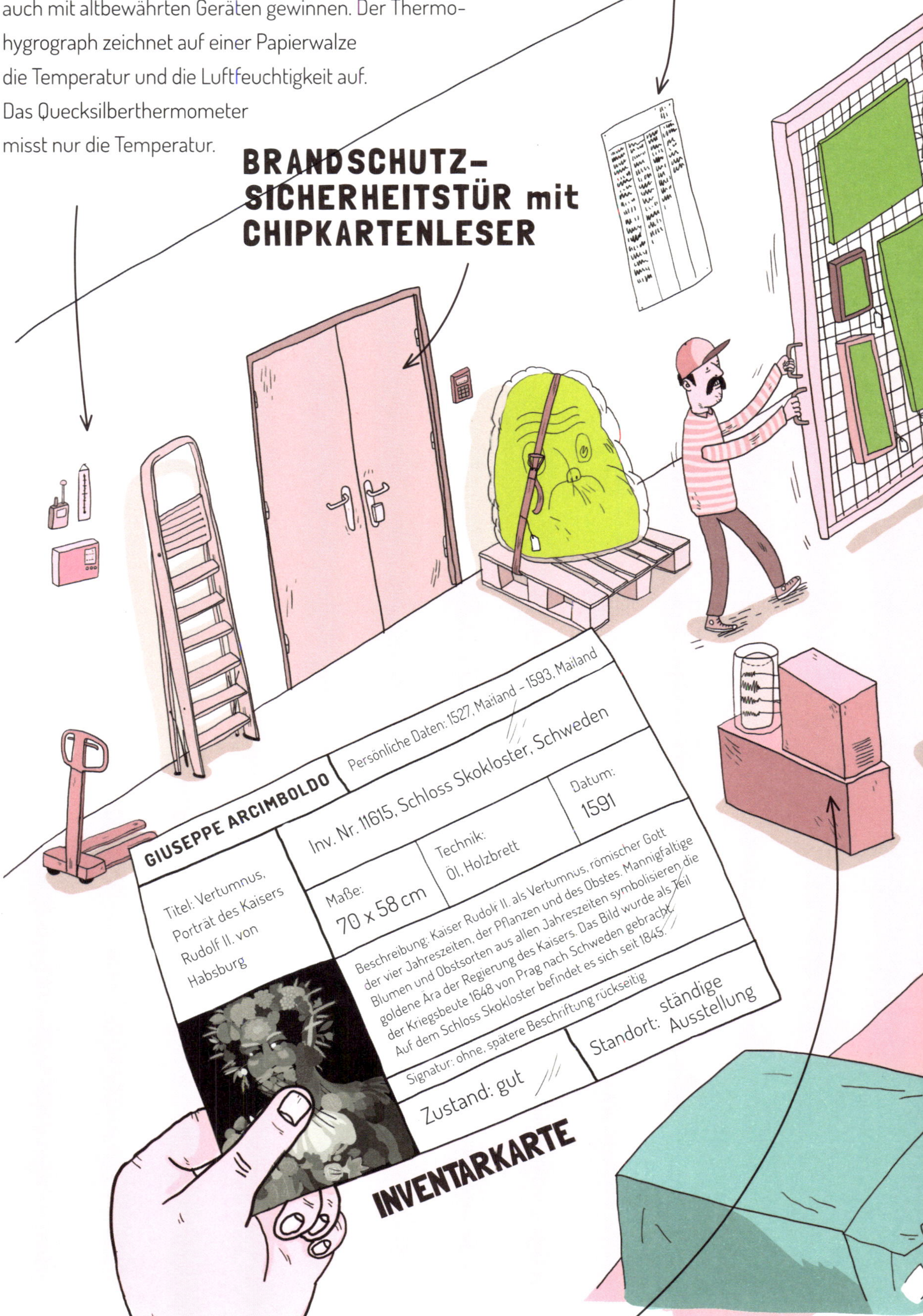

DIGITALER THERMOHYGROGRAPH und PHOTOMETER

In modernen Depots gibt es digitale Thermo-Hygrometer (zum Messen von Temperatur und Feuchtigkeit) und Photometer (zur Bestimmung der Beleuchtungsstärke). Diese schicken die Daten an Computer, welche sie dann zu Übersichtsgrafiken verarbeiten.

UNSER BILD ZEIGT KEIN TATSÄCHLICHES DEPOT. ES KOMMT NUR AUS DER FANTASIE. IN WIRKLICHKEIT KÖNNEN DIE VERSCHIEDENEN MATERIALIEN NICHT GEMEINSAM IN EINEM RAUM AUFBEWAHRT WERDEN.

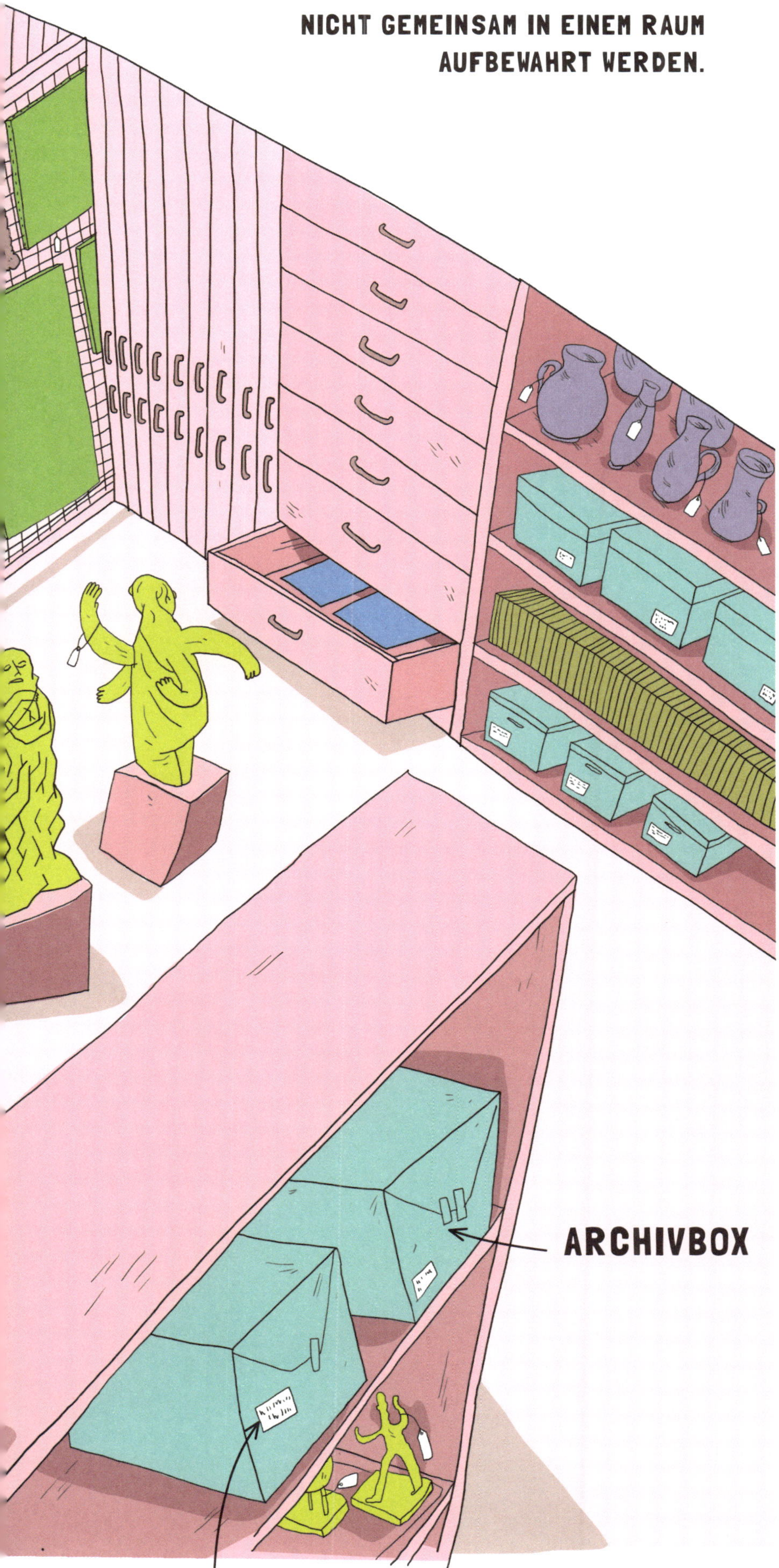

SCHILD

Jedes Kunstwerk bekommt ein Schild aufgeklebt oder angebunden, auf dem der Name des Künstlers, der Titel, das Entstehungsjahr und die Inventarnummer aufgeführt sind.

BILDER

Ort: Depotschiebewände
Vorteil: Dämmerlicht, platzsparend, mobil • **Nachteil:** manchmal lassen sich die Bilder schwer herunternehmen, vor allem, wenn sie weit oben hängen
Temperatur: 16–18 °C • **Feuchtigkeit:** 55–60 %
Beleuchtung: 150 Lux

SKULPTUREN

Ort: mit weichem Stoff bezogene Regale, Paletten
Vorteil: platzsparend auf Regalen, leicht zu manövrieren auf Paletten • **Nachteil:** Für die Skulpturen, die hinten stehen, ist es ungünstig, weil man sie nicht so gut sieht
Temperatur: 20–25 °C (Stein, Metall), 16–18 °C (Holz)
Feuchtigkeit: 50–65 % (Metall bis 55 %)
Beleuchtung: 300 Lux (Stein), 150 Lux (Holz)

ZEICHNUNGEN, GRAFIKEN, FOTOS

Ort: säurefreie Archivboxen, Umschläge und Papier
Vorteil: Dunkelheit • **Nachteil:** langes Suchen
Temperatur: 16–18 °C • **Feuchtigkeit:** 45–55 %, 20–40 % (Fotos)
Beleuchtung: 50 Lux ohne UV-Strahlen, 150 Lux bei Schwarzweißfotos

PERFORMANCES (VIDEO)

Performances sind Auftritte, die zu einer bestimmten Zeit an einem bestimmten Ort stattfinden. Sie sind darum nur von kurzer Dauer. Man kann sie jedoch auf Video aufzeichnen oder fotografisch dokumentieren. • **Ort:** im Computer, auf DVD oder auf alten Negativen • **Vorteil:** nimmt wenig Platz weg • **Nachteil:** nach einiger Zeit muss man sie neu kopieren. Alte Negative muss man im Dunkeln und bei niedrigen Temperaturen aufbewahren.

INSTALLATIONEN

Installationen füllen oft den ganzen Raum und bestehen aus vielen unterschiedlichen Objekten und Materialien. Je nach Menge kann man sie in Kisten einlagern. Wenn ein lebendiges Tier dabei ist, muss man es während der Ausstellung füttern und nach Beendigung der Ausstellung dem Besitzer zurückgeben oder einen solchen für es finden.

ANGEWANDTE KUNST

Ort: Regale, Etageren (hohe Lagerflächen)
Vorteil: platzsparend • **Nachteil:** unübersichtlich
Temperatur: am besten 18–20°
Feuchtigkeit: bis 55 %
Beleuchtung: bis 300 Lux

RESTAURATOREN

An allem auf der Welt nagt der Zahn der Zeit, auch an der Kunst, und sie verliert allmählich ihre ursprüngliche Gestalt. Trotz redlicher Bemühungen des Museums, die Kunstwerke zu schützen, weisen wertvolle Objekte irgendwann Schäden auf. Holz, Leinwand, Papier und sogar Stein reagieren empfindlich auf Feuchtigkeits- und Temperaturschwankungen. Viele Werke sehen wir deshalb heute nicht mehr in ihrer vollen Pracht, sie sind vom Alter gezeichnet und oft um einige früher deutlich sichtbare Details ärmer. Um die wertvollen Stücke von Künstlern aus früheren Zeiten in möglichst annehmbarem Zustand zu erhalten oder um ihnen ihren ursprünglichen Glanz zurückzugeben, greift man auf das Können von Fachleuten zurück – den Restauratoren. Diese entdecken bei der Arbeit an einem Werk oft sogar noch etwas, was man vorher gar nicht wusste.

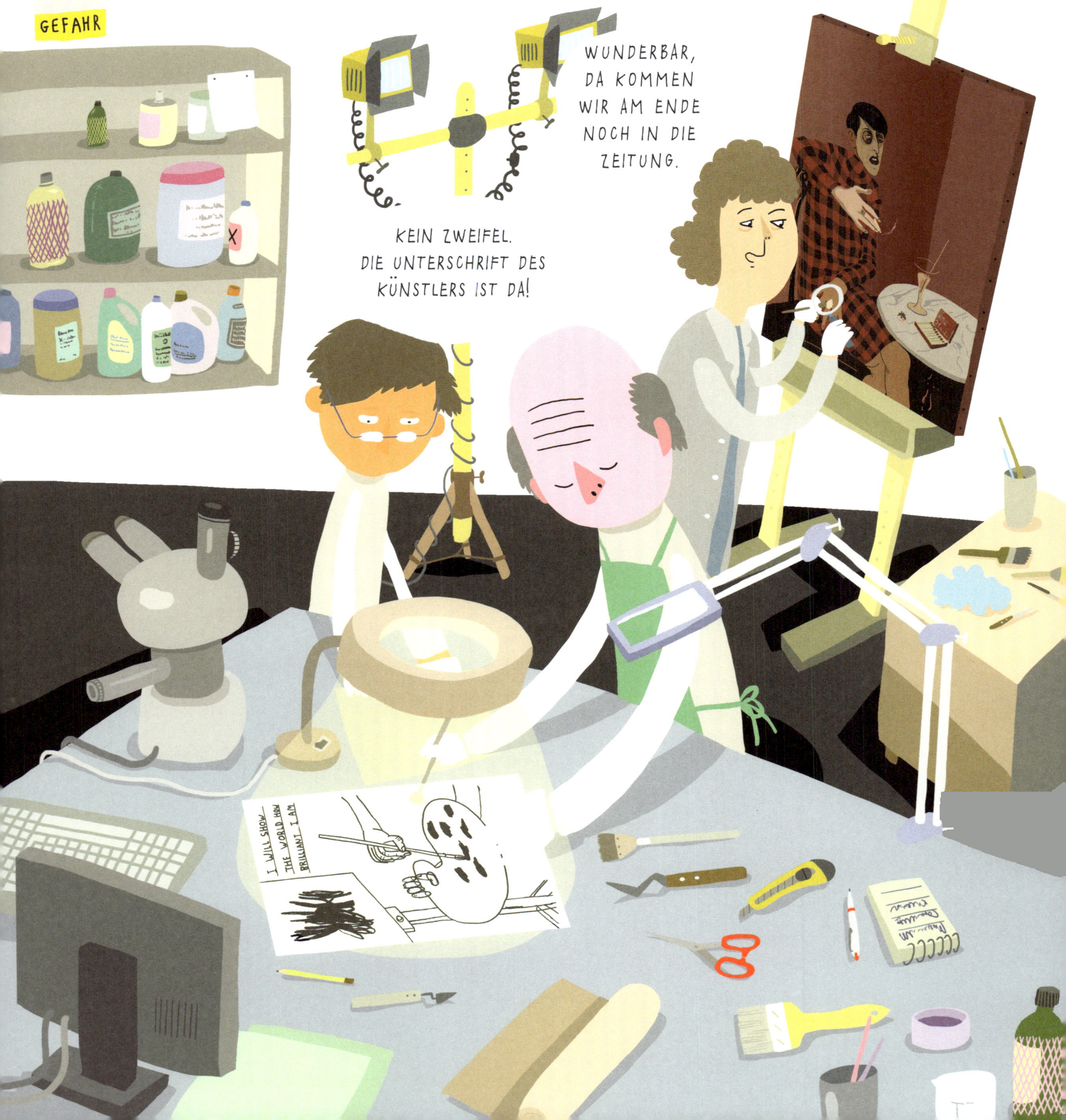

HANDWERKER UND TECHNIKER

Die Ausstellung aufzubauen und Bilder aufzuhängen ist Aufgabe der Techniker. Das sind wahre Tausendsassas, die nicht nur Bohrmaschinen und Schneidegeräte beherrschen, sondern auch zu jedem Problem eine Lösung finden. Moderne Kunstwerke zu installieren ist nicht leicht! Vor allem, wenn dabei der Künstler selbst daneben steht. Die Techniker, auch Ausstellungsteam genannt, müssen bis spät in die Nacht arbeiten. Bei der Vernissage dankt man ihnen deshalb immer ganz besonders.

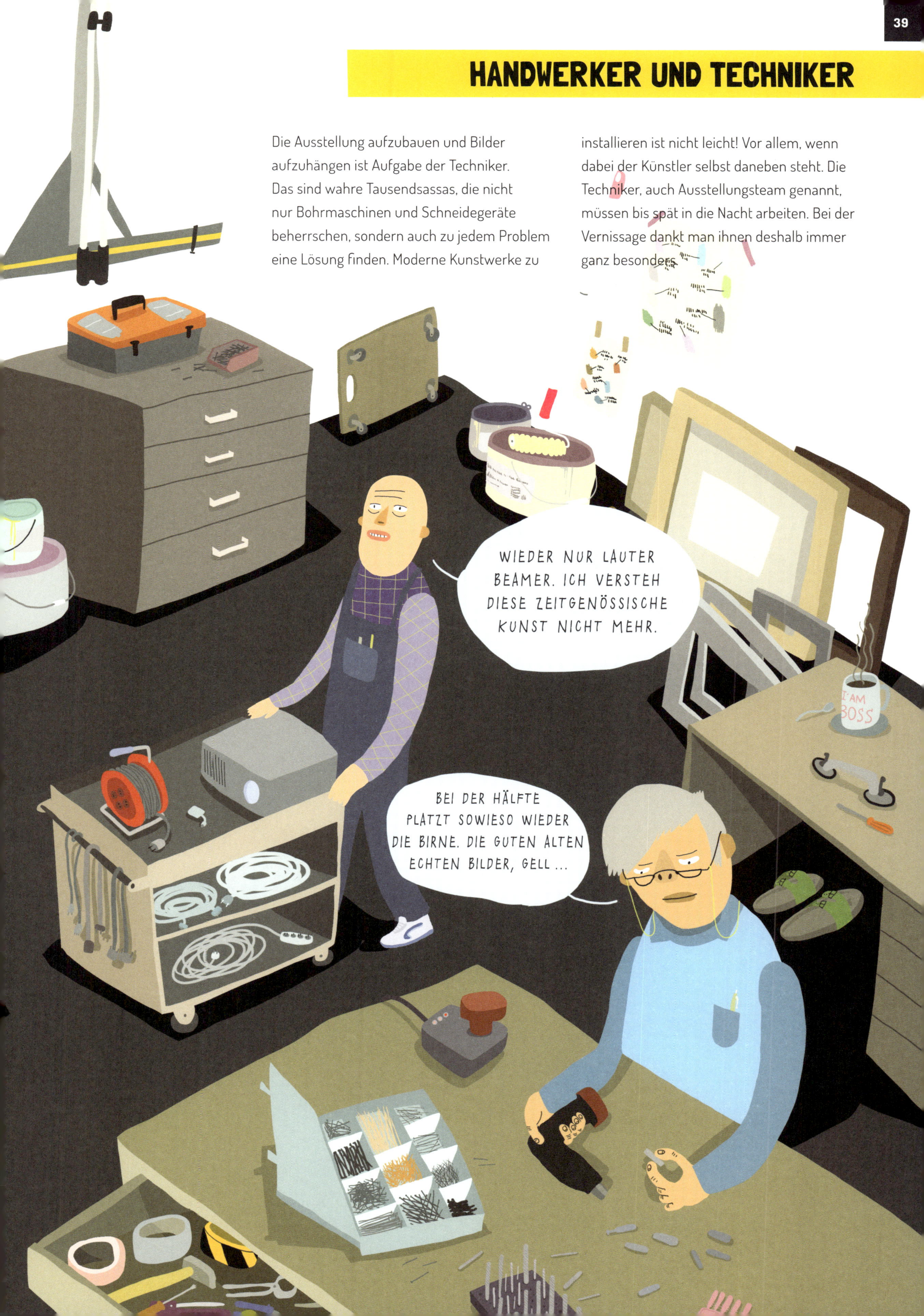

WIE STELLT MAN EINE SAMMLUNG IM MUSEUM AUS?

VON DEN ANFÄNGEN BIS HEUTE

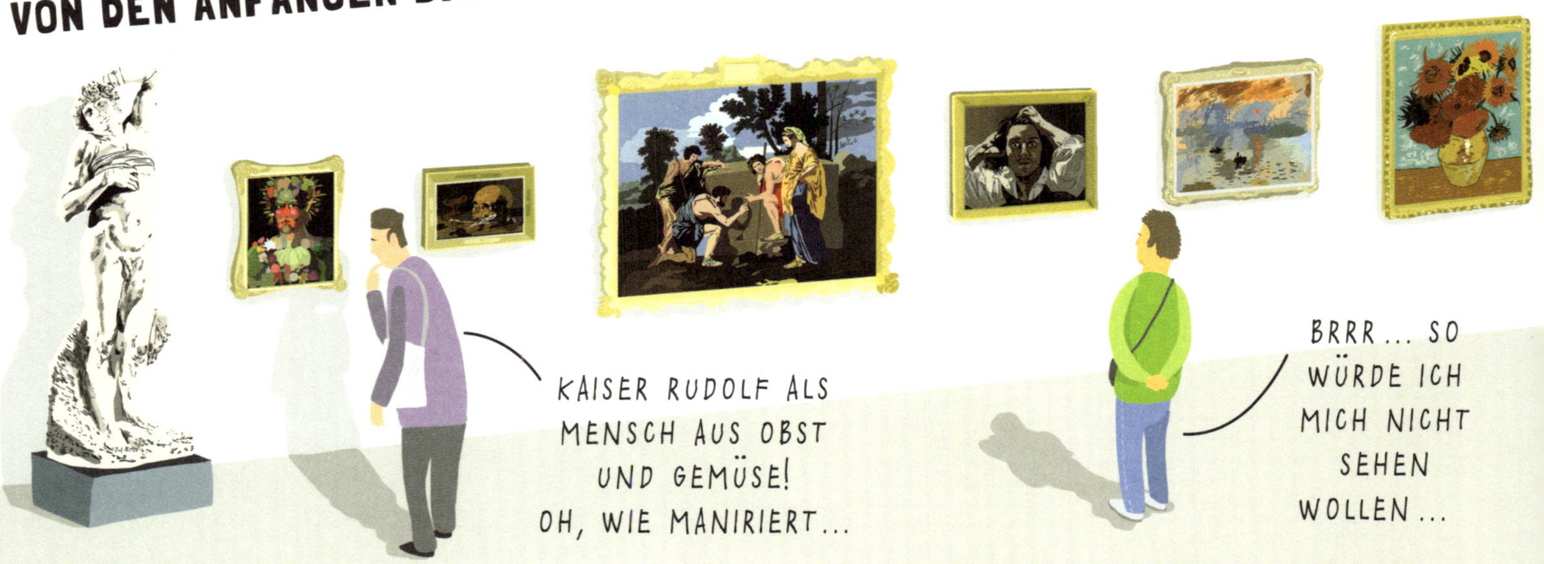

MAN KANN SICH EINE KUNSTSAMMLUNG VORSTELLEN WIE EINEN BAUKASTEN. JEDES WERK IST DANN WIE EIN KLÖTZCHEN IN JEWEILS ANDERER FARBE UND FORM. DAS MUSEUM STELLT AUS DIESEN TEILCHEN EINE DAUER-AUSSTELLUNG FÜR DIE BESUCHER ZUSAMMEN. DABEI KOMMT ES NICHT NUR DARAUF AN, WELCHE TEILE SEINER SAMMLUNG ES DAFÜR VERWENDET, SONDERN AUCH DARAUF, WIE SIE IN DEN AUSSTELLUNGSRÄUMEN VERTEILT WERDEN.

So wie ein fantasievolles Kind aus den Teilchen eines einzigen Baukastens ganz verschiedene Dinge bauen kann, zum Beispiel eine Burg, eine fliegende Untertasse, ein Piratenschiff oder eine Puppenstube, schaffen es die Museumskuratoren, aus den Objekten der Sammlung ganz verschiedene Geschichten zu basteln. Zum Beispiel können sie die Werke vom ältesten bis zum jüngsten

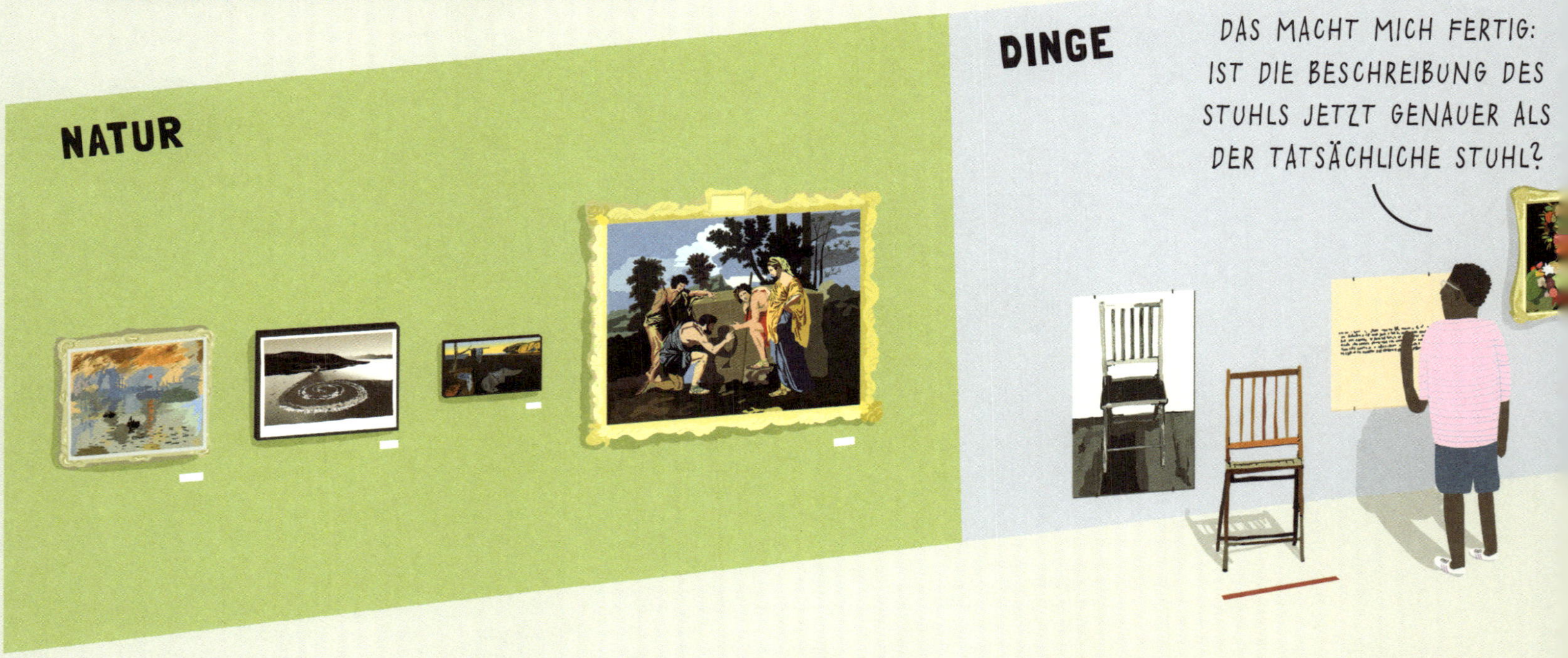

Nicht jedes Bild ist so berühmt wie die Sonnenblumen von Vincent van Gogh und wird vom Betrachter sofort erkannt. Deshalb wird jedem Kunstwerk eine Bildbeschriftung beigefügt. Darauf kann man lesen, wer das Bild gemacht hat und wann und wo er geboren wurde und eventuell schon gestorben ist.

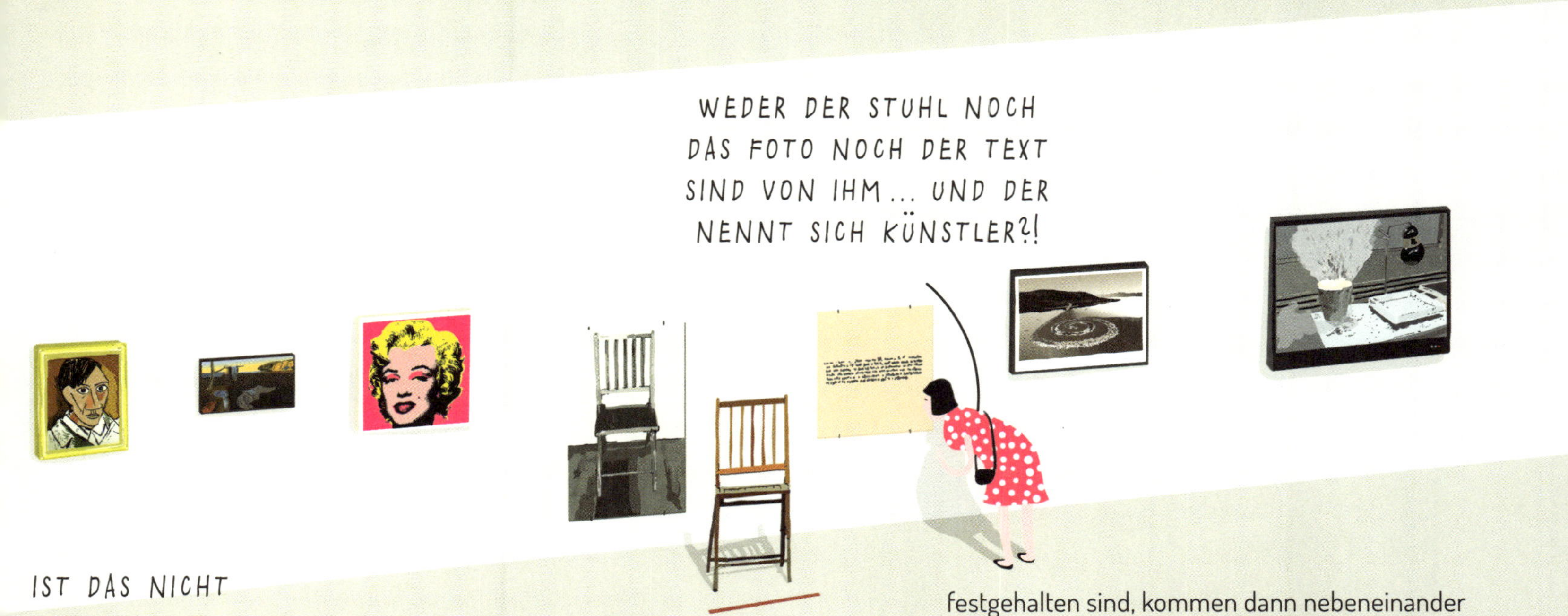

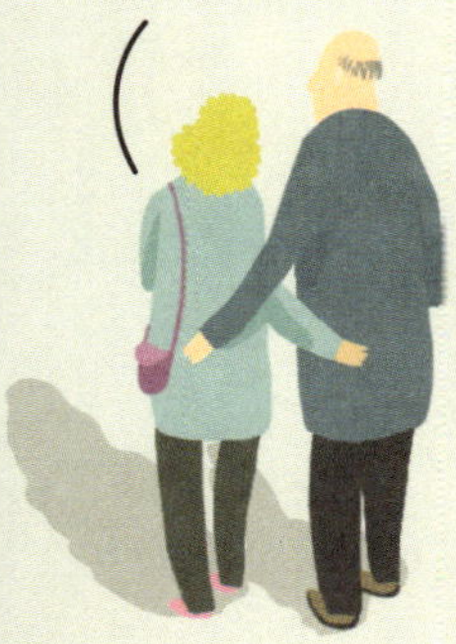

anordnen, das nennt man die zeitliche Reihenfolge oder Chronologie. Die Besucher können dann erkennen, wie sich im Laufe der Jahre die Themen der künstlerischen Arbeit verändert haben, aber auch die Arten der Darstellung und der Blick der Künstler auf die Welt. Oder die Kuratoren stellen Werke mit gleichem Thema, zum Beispiel Landschaftsmalerei, zu einer gemeinsamen Ausstellung zusammen. Bilder aus ganz verschiedenen Zeiträumen, auf denen Landschaften festgehalten sind, kommen dann nebeneinander an die Wand. So eine Ausstellung vermittelt den Besuchern die Botschaft, dass die Natur ein wichtiges Thema für Künstler ist, dass diese sie zu verschiedenen Zeiten aber unterschiedlich wahrgenommen haben und andere Empfindungen dabei betonten. Es gibt unendlich viele Möglichkeiten, eine interessante Dauerausstellung zu machen. Das hängt ganz von der Fantasie der Kuratoren ab.

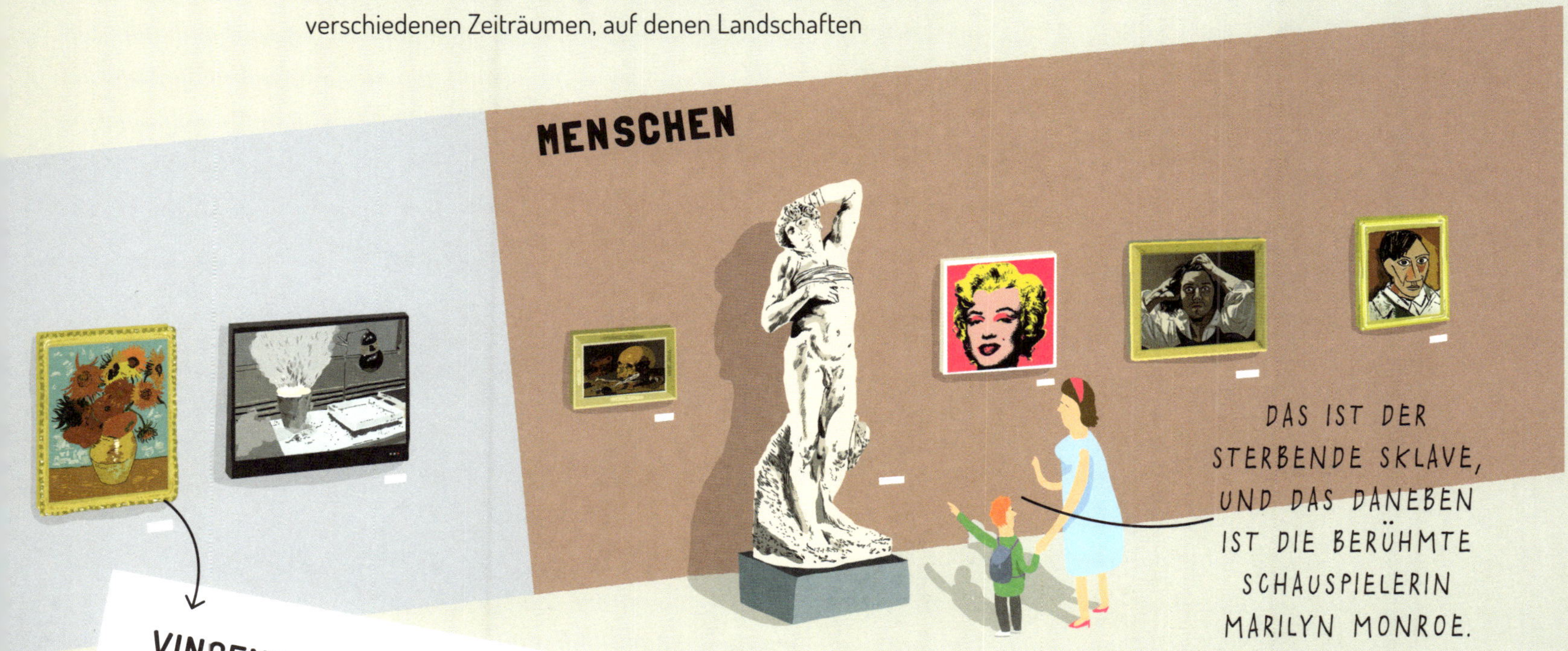

VINCENT VAN GOGH
(1853, ZUNDERT – 1890, AUVERS-SUR-OISE)

SONNENBLUMEN, 1888 / SUNFLOWERS, 1888
ÖL AUF LEINWAND / OIL ON CANVAS
NEUE PINAKOTHEK, MÜNCHEN

Wichtig sind auch der Titel des Werks und das Jahr, in dem es entstanden ist. Oft wollen die Betrachter zusätzlich wissen, nach welcher Technik der Künstler gearbeitet hat. In der letzten Zeile ist dann angeführt, wer der Eigentümer der Arbeit ist. Das kann ein privater Sammler sein, aber meistens sind es weltberühmte Museen. Weil oft Menschen aus anderen Ländern ins Museum kommen, gehört es zum guten Ton, alles zusätzlich auf Englisch aufzuschreiben.

3. WIE EINE AUSSTELLUNG ENTSTEHT

WIE DIE AUSSTELLUNG VORBEREITET WIRD

KURATORIN

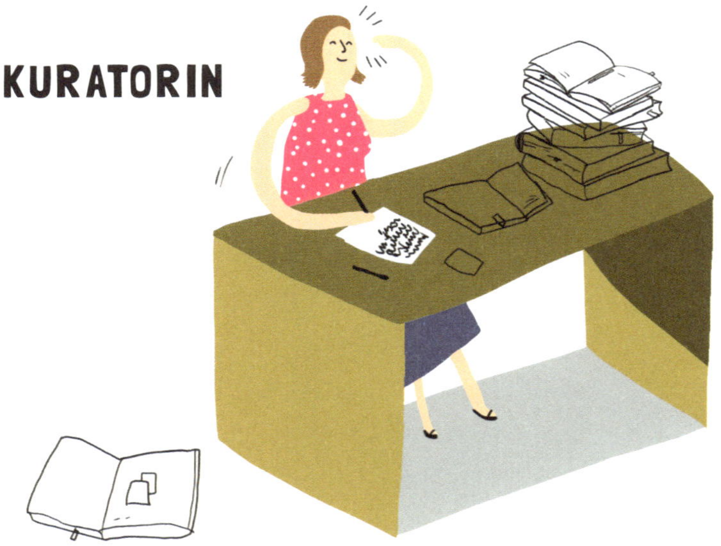

BERATUNG DER KURATOREN ÜBER DAS AUSSTELLUNGSKONZEPT **2**

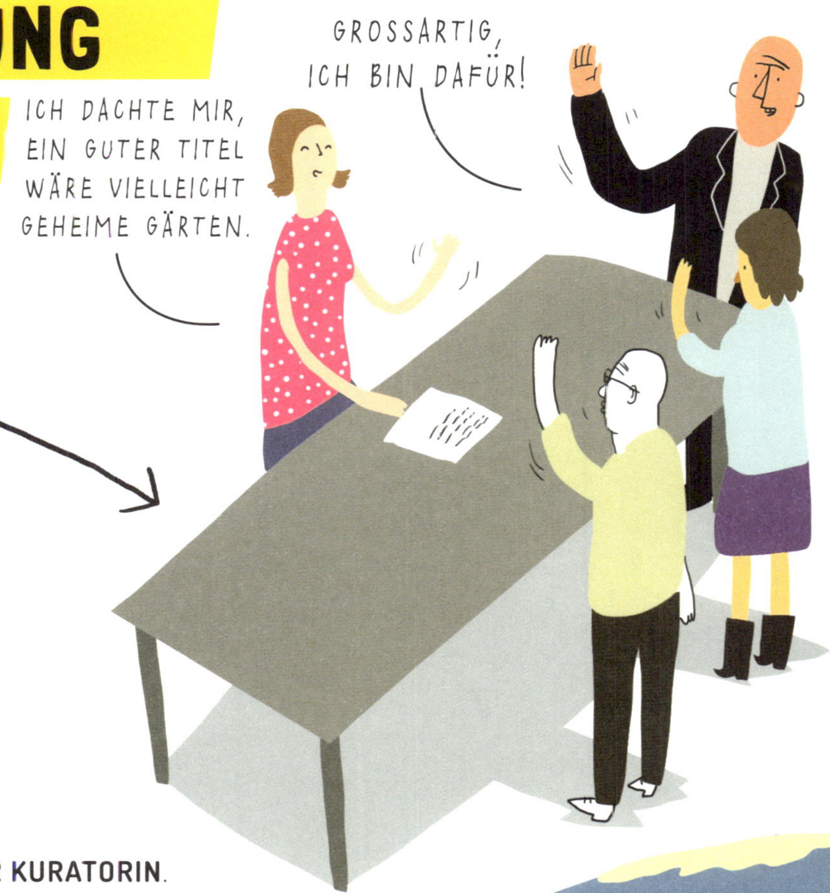

1 Am Anfang jeder Ausstellung steht die gute **IDEE EINER KURATORIN**. Das alleine reicht jedoch noch nicht aus. Sie muss sehr viele Bücher lesen und Kunstwerke anschauen, bevor ein Ausstellungskonzept entsteht. Die Kuratorin schreibt am Ende auf, was sie und wie sie ausstellen möchte und vor allem, welche Geschichte die Ausstellung den Besuchern erzählen soll.

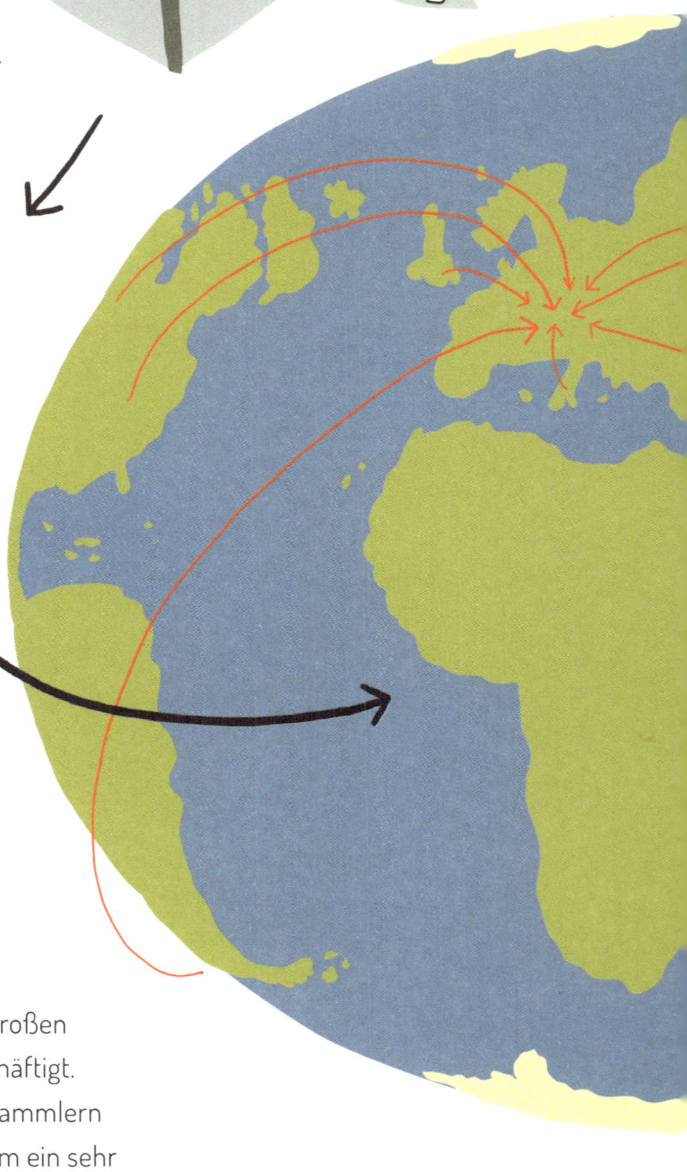

VORBEREITUNG DER AUSSTELLUNG

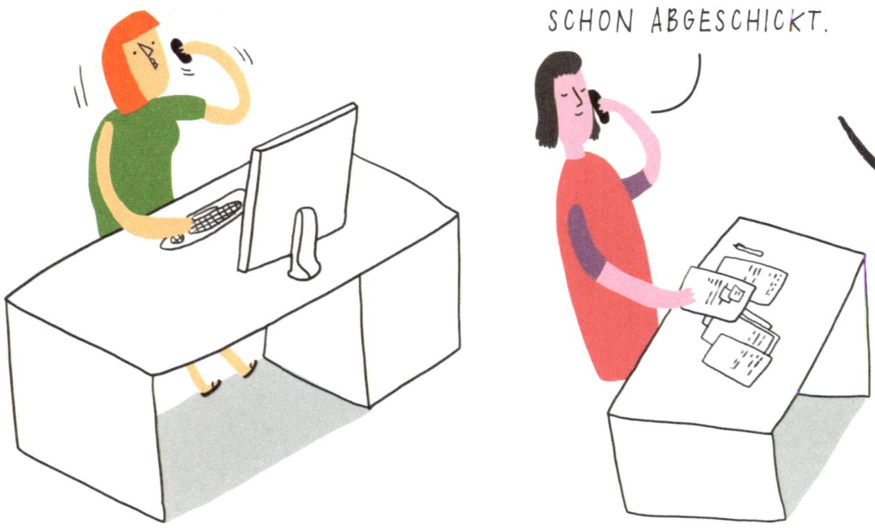

3 Die **VORBEREITUNG EINER AUSSTELLUNG** braucht Zeit. Mit einer großen Ausstellung sind die Mitarbeiter des Museums mehrere Jahre lang beschäftigt. Langwierig wird über Leihgaben von andere Museen und von privaten Sammlern verhandelt. Dafür sind viele Telefonate. Briefe und E-Mails notwendig. Um ein sehr wertvolles Bild als Leihgabe zu bekommen, muss man nicht nur diplomatisch geschickt sein, sondern auch seinen Charme spielen lassen.

Schließlich stellt die Kuratorin ihren Kollegen im Museum das **AUSSTELLUNGSKONZEPT** vor. Sie diskutieren sehr lange darüber, und manchmal streiten sie sogar. Jeder nimmt seinen Bereich wichtig: Die Verwaltungsleiterin will wissen, wie viel die Ausstellung kosten wird, die Mitarbeiterin aus der Öffentlichkeitsarbeit überlegt, wie man ein möglichst großes Publikum ansprechen kann. Wenn sich alle einig sind, dass die Idee nicht nur sehr gut, sondern auch für eine breite Öffentlichkeit interessant und für das Museum umsetzbar ist, dann beginnt die Vorbereitung der Ausstellung.

BEFÖRDERUNG DER EXPONATE

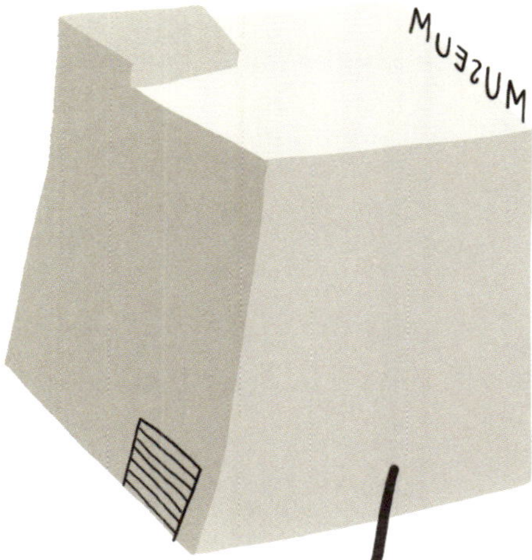

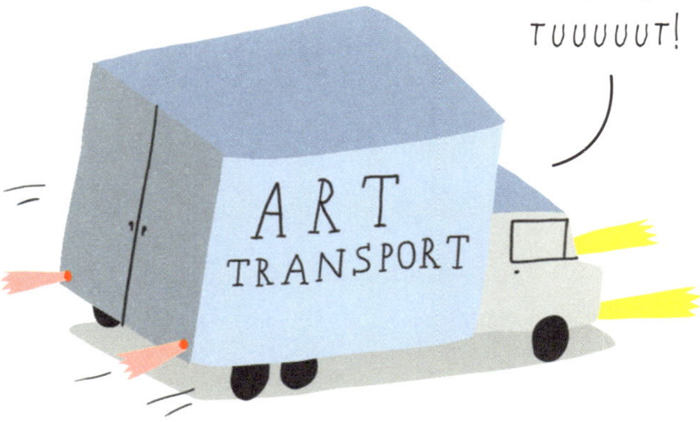

4 Einen Monat vor der Ausstellungseröffnung werden die Kunstwerke ins Museum gebracht. Ein Transport von Kunstwerken ist etwas anderes als ein Möbelumzug. Kunstwerke sind oft sehr empfindlich, und schon der kleinste Kratzer kann ein irreparabler Schaden sein.

TRANSPORT

Beim Transport muss man außerdem aufpassen, dass die Kunstwerke nicht zu starken Feuchtigkeits- und Temperaturschwankungen ausgesetzt sind. Deshalb verwendet man für so einen Transport nicht nur spezielle Lastwagen, sondern auch maßgefertigte Kisten.

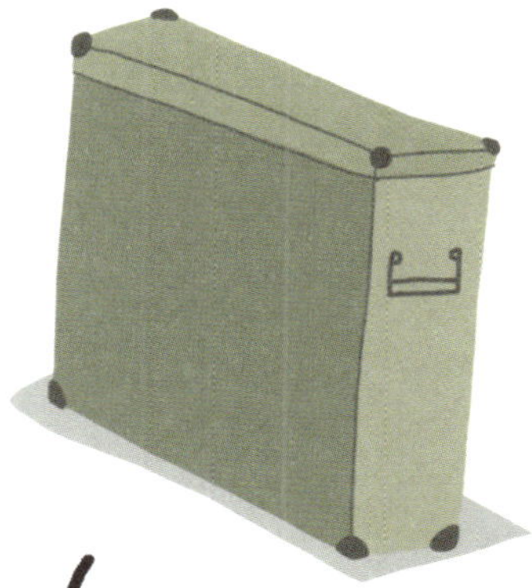

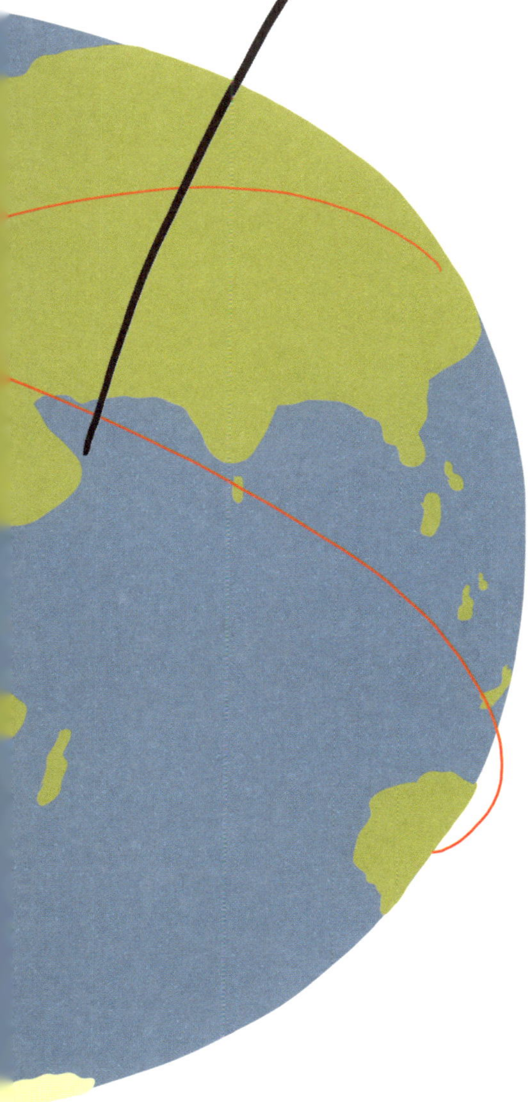

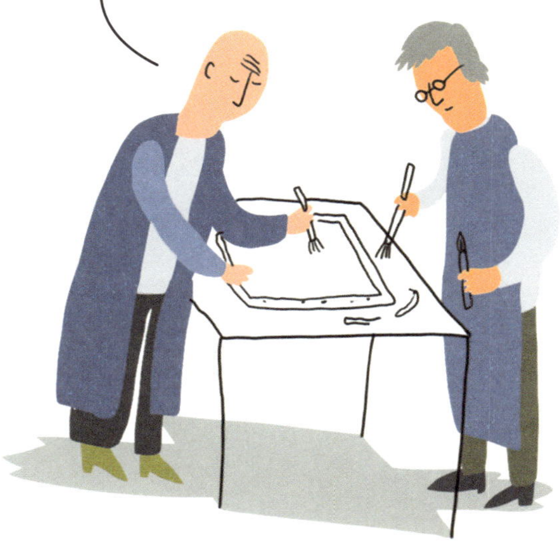

BITTE WENDEN

ENTGEGENNAHME DURCH DIE RESTAURATOREN

5 Alle gelieferten Bilder, Skulpturen und anderen Kunstwerke werden von den Restauratoren in Empfang genommen. Sie sehen sich jeden Gegenstand genau an, um festzustellen, ob er während des Transports beschädigt wurde. Dann schreiben sie seinen Zustand in das Zustandsprotokoll.

6 Die Kuratorin hat zwar die Idee, mit der alles beginnt, aber ohne das **MITARBEITERTEAM** würde sie diese nie erfolgreich zu Ende bringen.

7 Die **AUSSTELLUNGSASSISTENZ** ist die rechte Hand der Kuratorin. Sie stellt sicher, dass alles und alle pünktlich am richtigen Ort sind. Die Vorbereitung einer Ausstellung muss nämlich laufen wie am Schnürchen, auf einen Schritt folgt nahtlos der nächste. Die Ausstellungsassistenz erkennt ihr daran, dass sie die ganze Zeit telefoniert.

8 Der **AUSSTELLUNGSARCHITEKT** muss sich mit der Frage beschäftigen, wo und wie die Kunstwerke jeweils platziert werden. Wenn in einem Ausstellungsraum an der Wand zu wenig Platz ist, um alle Bilder aufzuhängen, werden nach seinen Entwürfen zusätzliche Wände aufgestellt. Der Architekt erstellt Pläne der Räume und Modelle, auf deren Grundlage er mit der Kuratorin jede Einzelheit bespricht, damit die Techniker mit diesem Entwurf die Ausstellung ohne Probleme aufbauen können.

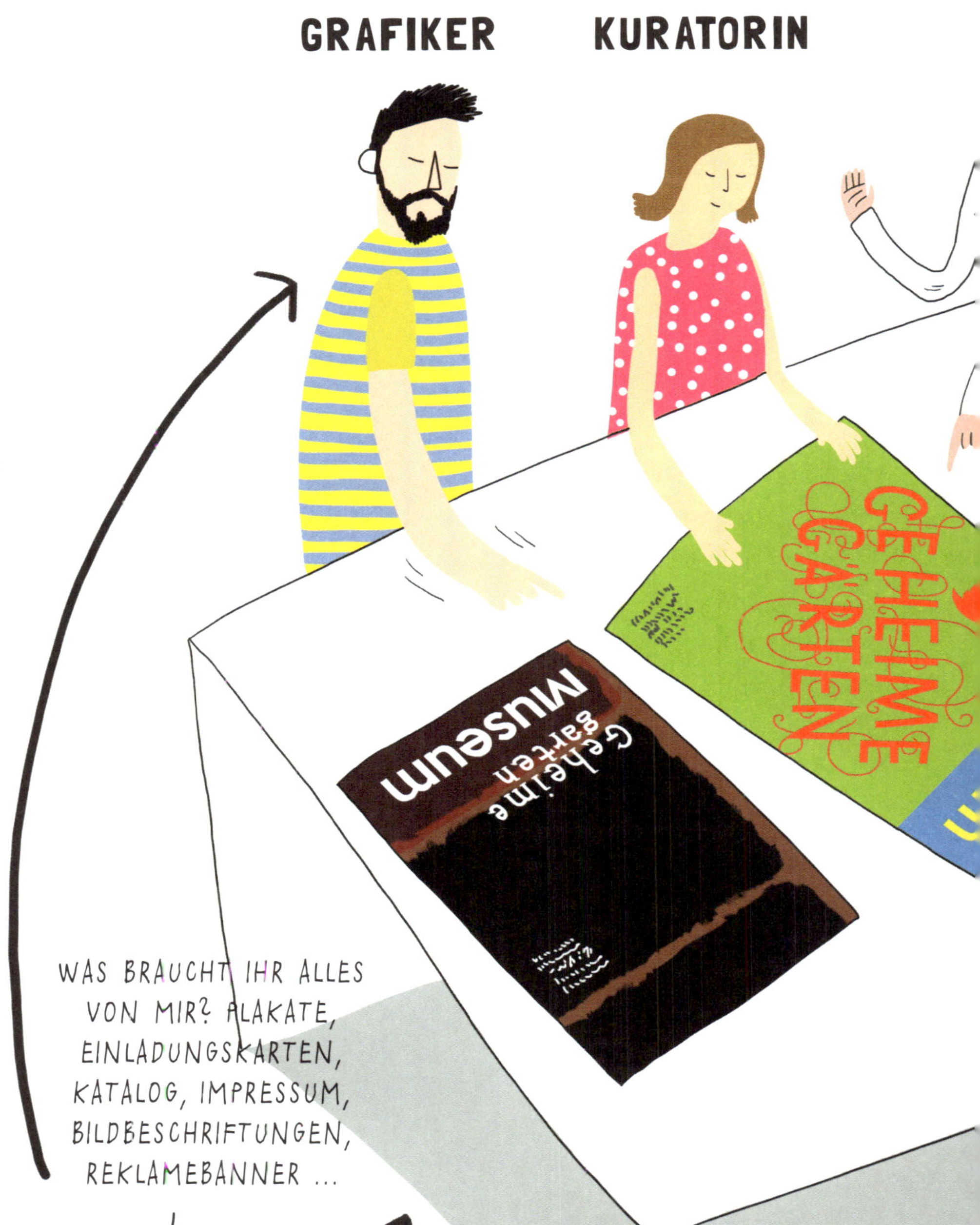

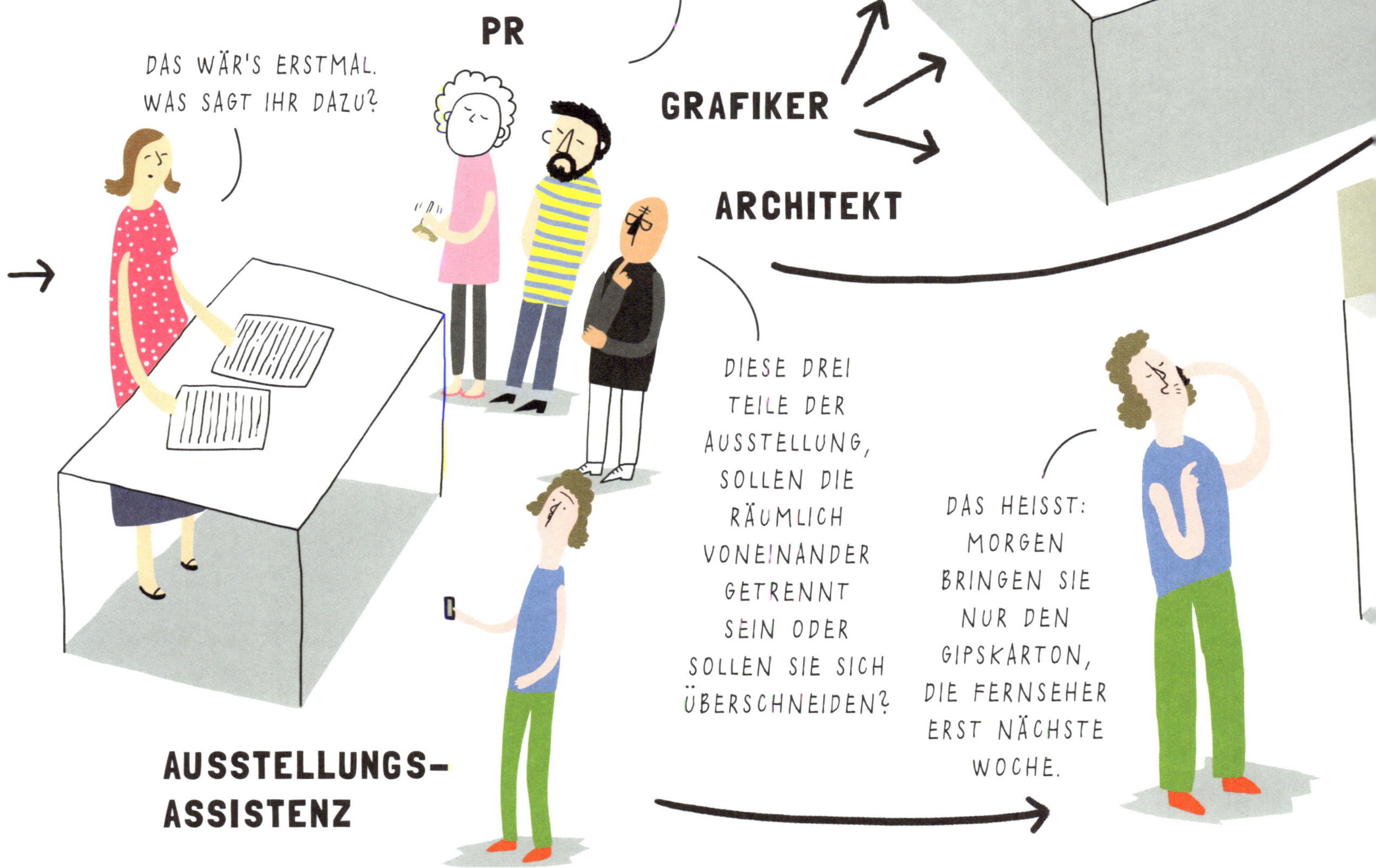

EINDEUTIG DAS GRÜNE.

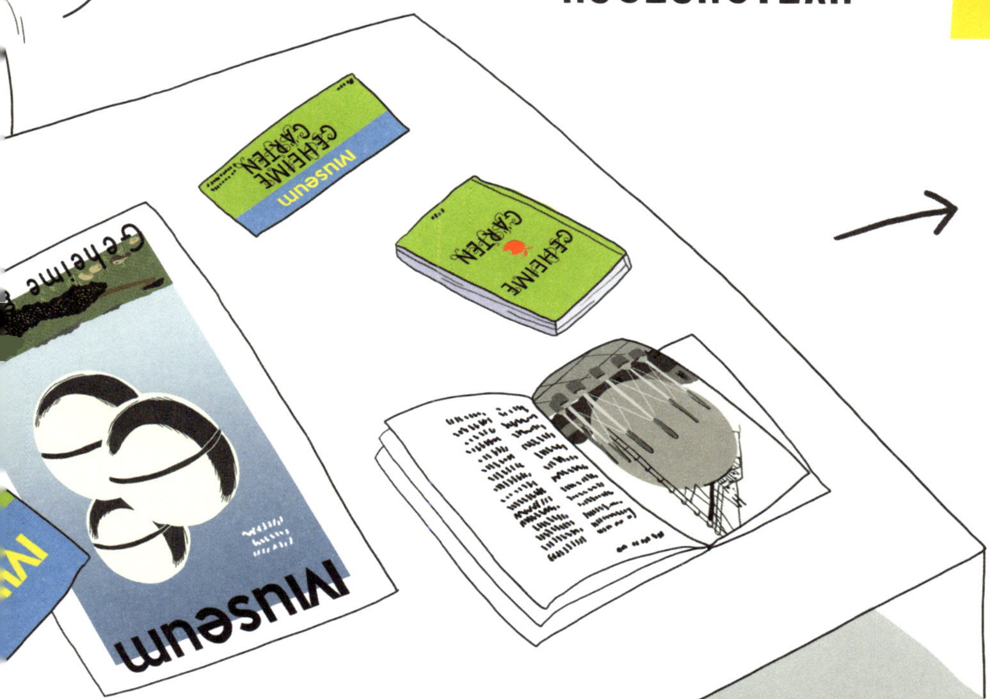

MUSEUMSTEAM

4

Der **GRAFIKER** gibt der Ausstellung ein einheitliches Erscheinungsbild. Jeder Buchstabe, der in der Ausstellung vorkommt, geht durch seinen Computer. Er kümmert sich auch um das Ausstellungsplakat, das ihr dann in der ganzen Stadt sehen könnt. Außerdem gestaltet er den Ausstellungskatalog, denn zu jeder größeren Ausstellung wird eigens ein Buch veröffentlicht. Im Katalog sind Fotos der ausgestellten Kunstwerke, und ihr könnt darin Bemerkenswertes zum Thema der Ausstellung lesen.

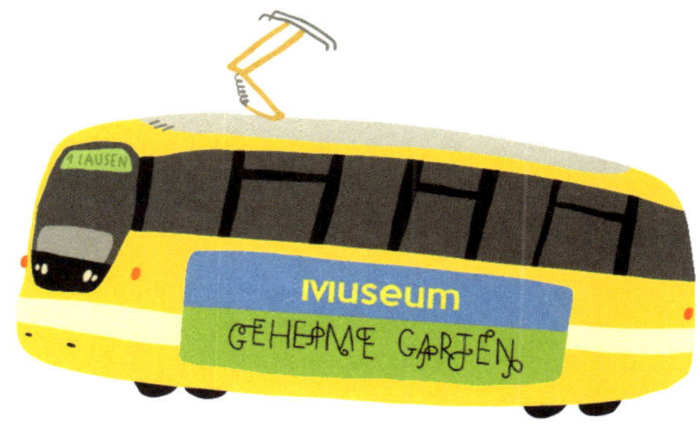

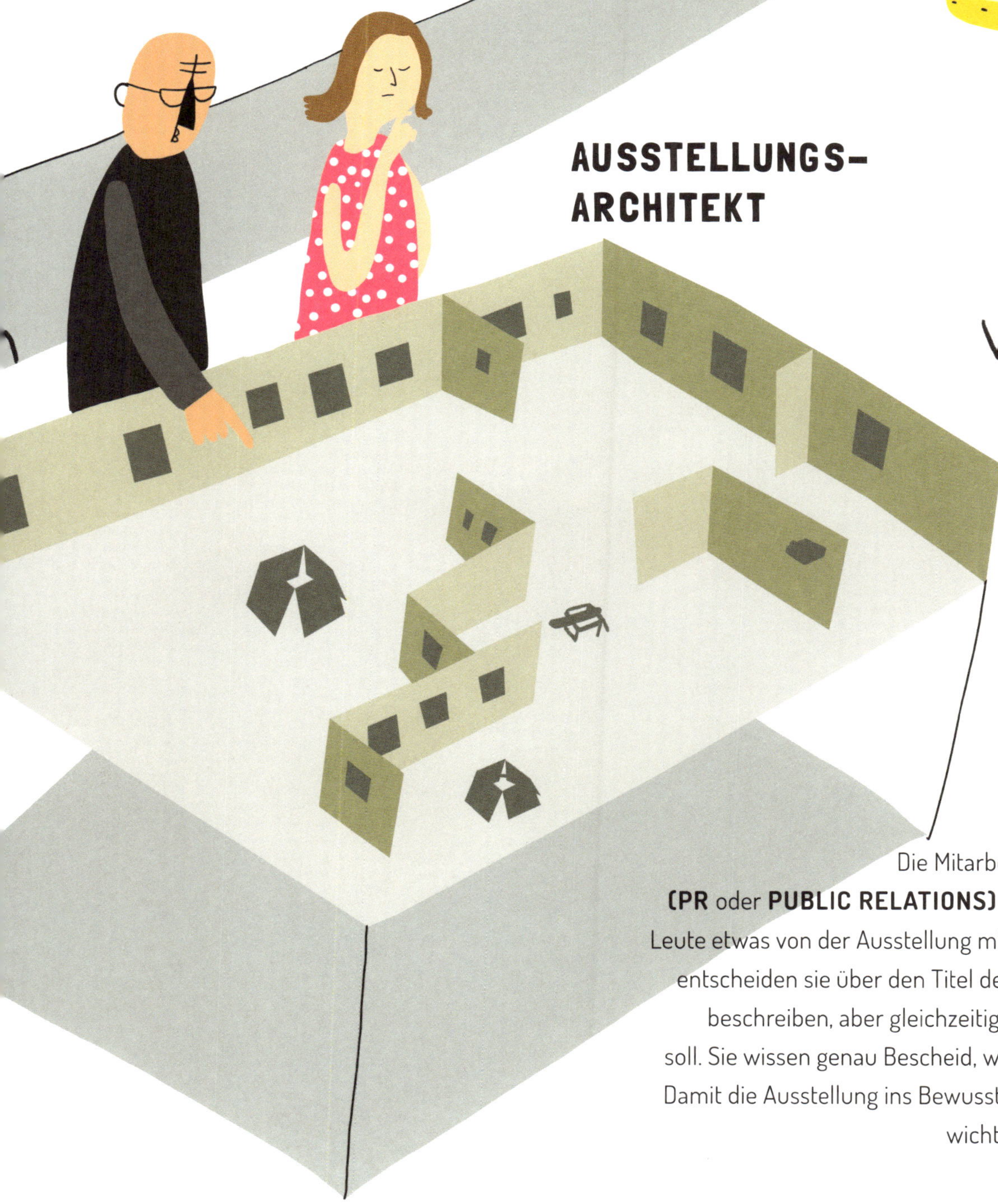

AUSSTELLUNGS-ARCHITEKT

JA, DIESMAL AUCH IM GROSSFORMAT. DAS DING WIRD EIN KNALLER!

PR

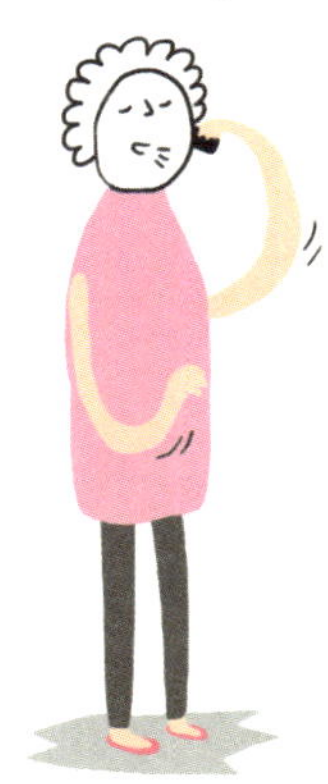

10

Die Mitarbeiter aus der **ÖFFENTLICHKEITSARBEIT (PR** oder **PUBLIC RELATIONS)** bemühen sich darum, dass möglichst viele Leute etwas von der Ausstellung mitbekommen. Zusammen mit der Kuratorin entscheiden sie über den Titel der Ausstellung, der möglichst gut den Inhalt beschreiben, aber gleichzeitig auch das Interesse des Publikums wecken soll. Sie wissen genau Bescheid, wann und wo die Reklame erscheinen muss. Damit die Ausstellung ins Bewusstsein der Öffentlichkeit rückt, geben sie alle wichtigen Informationen an Journalisten weiter.

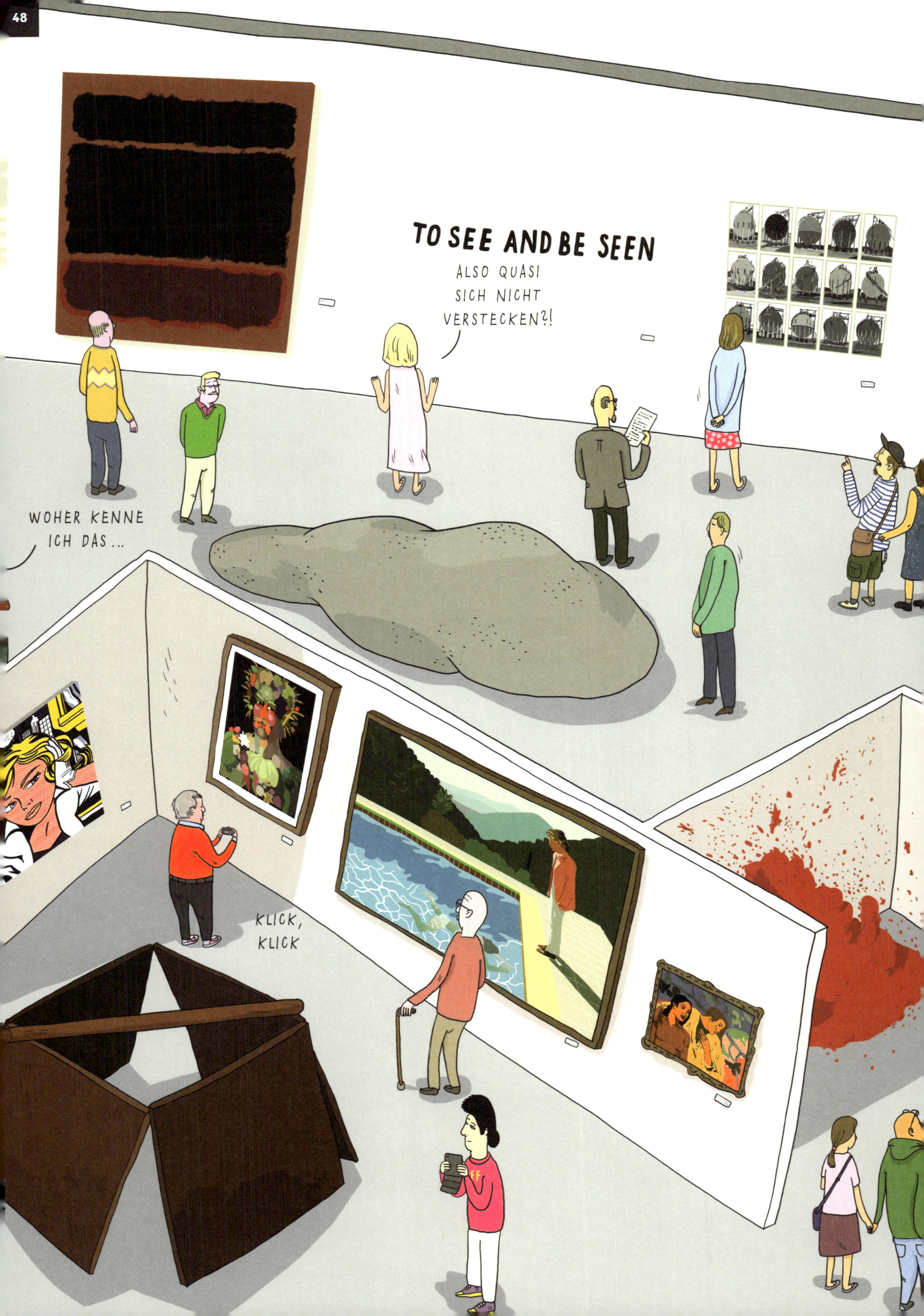
TO SEE AND BE SEEN
ALSO QUASI SICH NICHT VERSTECKEN?!
WOHER KENNE ICH DAS ...
KLICK, KLICK

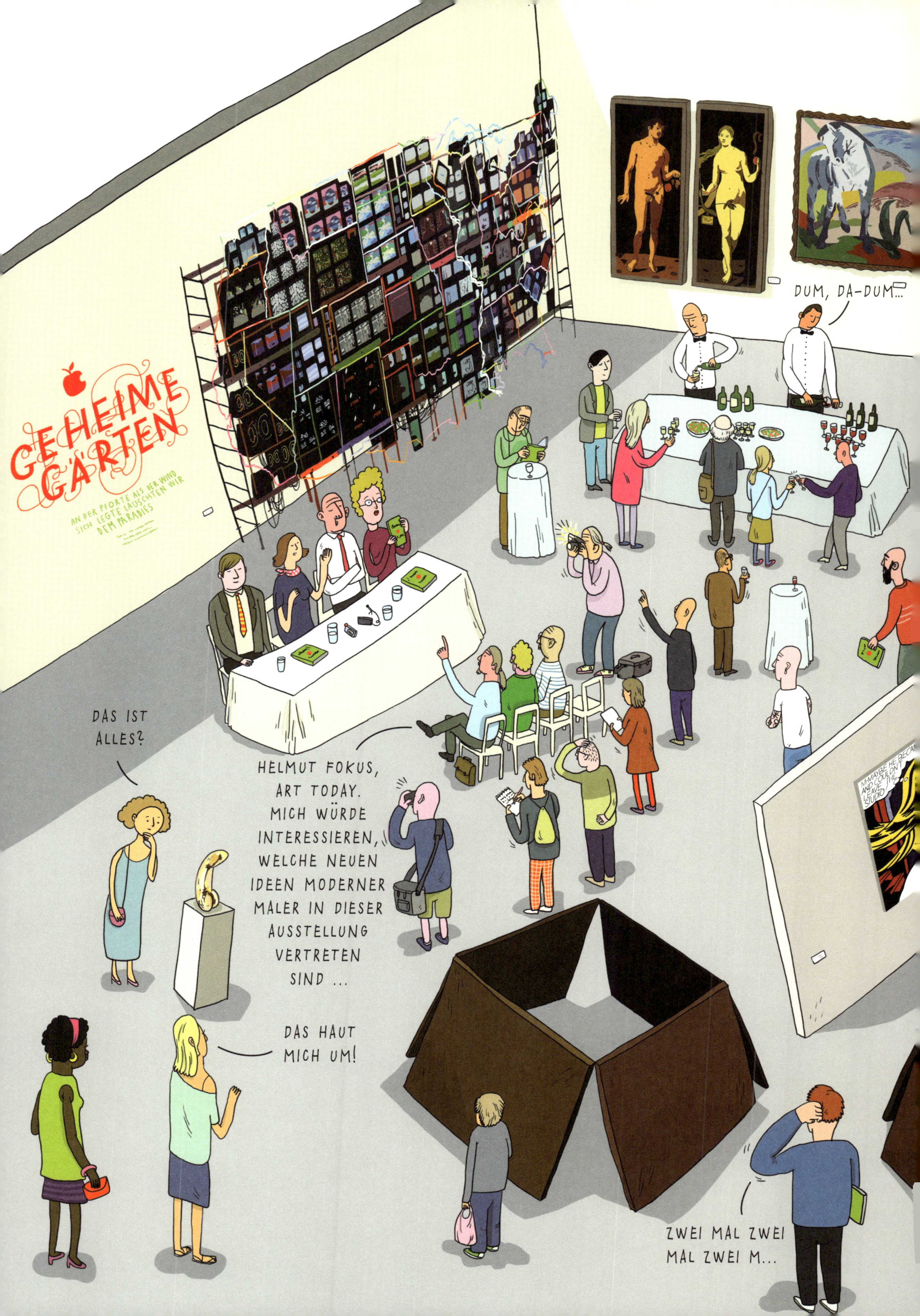
GEHEIME GÄRTEN
AN DER PFORTE ALS DER WIND SICH LEGTE LAUSCHTEN WIR DEM PARADIES
DUM, DA-DUM...
M-MAYBE HE BECA
AND COULDN'T
LEAVE THE
STUDIO!
DAS IST ALLES?
HELMUT FOKUS, ART TODAY. MICH WÜRDE INTERESSIEREN, WELCHE NEUEN IDEEN MODERNER MALER IN DIESER AUSSTELLUNG VERTRETEN SIND ...
DAS HAUT MICH UM!
ZWEI MAL ZWEI MAL ZWEI M...

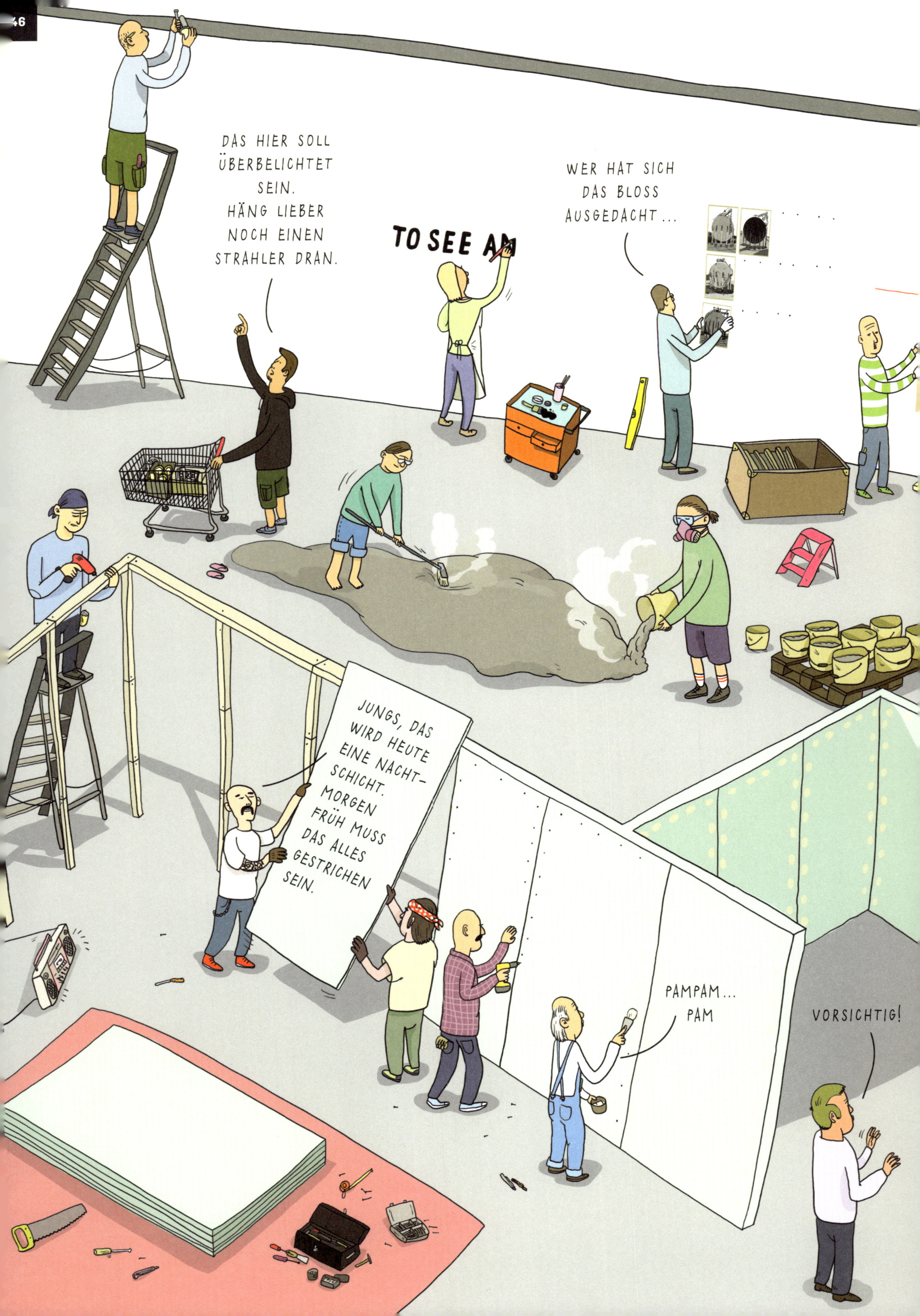
DAS HIER SOLL ÜBERBELICHTET SEIN. HÄNG LIEBER NOCH EINEN STRAHLER DRAN.
TO SEE AN
WER HAT SICH DAS BLOSS AUSGEDACHT …
JUNGS, DAS WIRD HEUTE EINE NACHT-SCHICHT. MORGEN FRÜH MUSS DAS ALLES GESTRICHEN SEIN.
PAMPAM … PAM
VORSICHTIG!

WIE DIE AUSSTELLUNG AUFGEBAUT WIRD

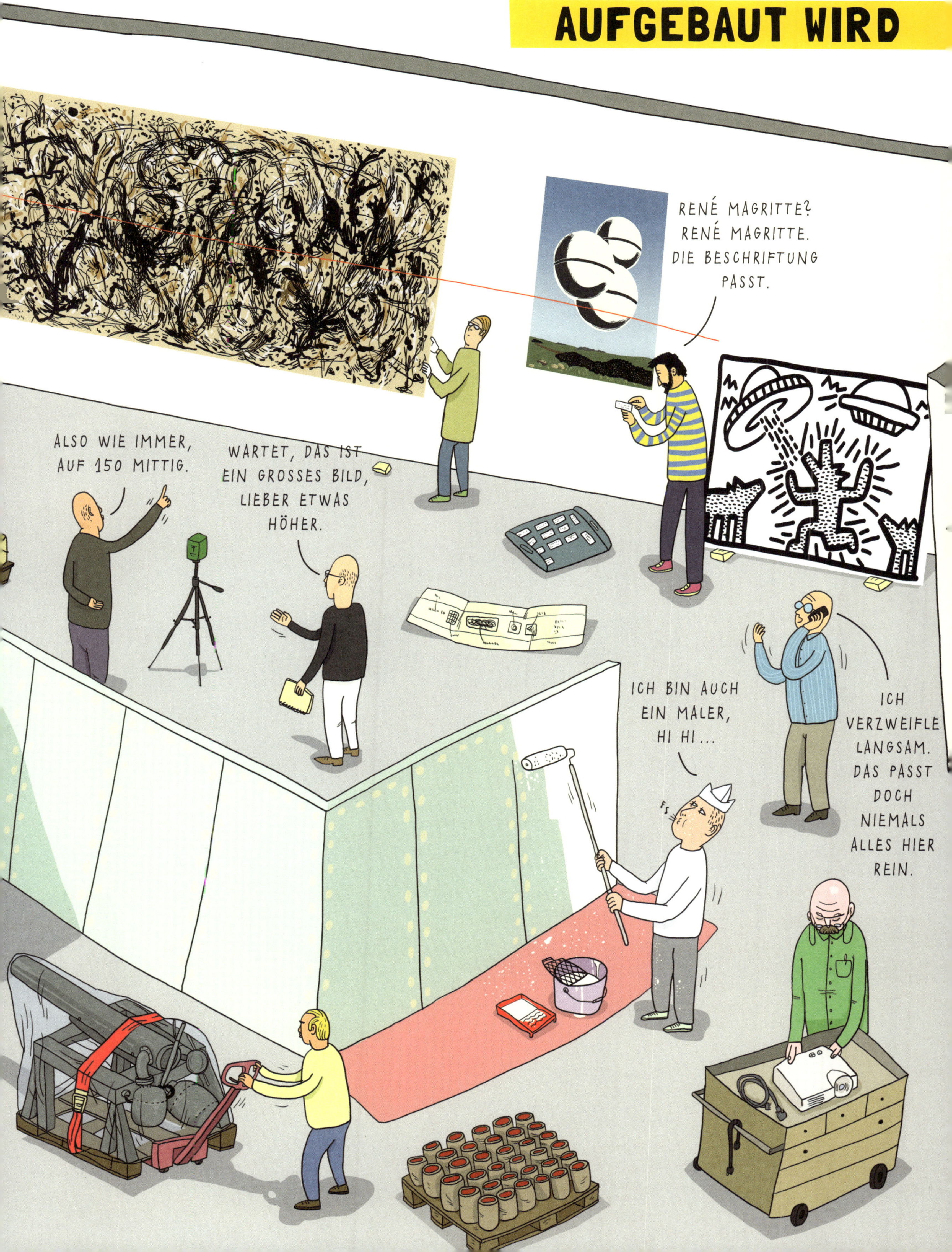

ENDLICH: DIE AUSSTELLUNG!

DIE AUSSTELLUNG IST FERTIG. DAS TEAM KONNTE ALLE AUFTRETENDEN SCHWIERIGKEITEN ERFOLGREICH MEISTERN.

PRESSEKONFERENZ

Für die Journalisten, die einen Zeitungsartikel oder eine Fernsehreportage machen wollen, veranstaltet das Museum zunächst die Pressekonferenz. Der Museumsdirektor, die Kuratoren und die Pressesprecherin sitzen an einem Tisch. Sie sprechen nacheinander ins Mikrofon und sagen, was ihrer Meinung nach das Wesentliche in der Ausstellung ist. Gegenüber sitzen die Journalisten und stellen Fragen. Meistens interessieren sie sich dafür, welches Kunstwerk am wertvollsten ist.

VERNISSAGE

Die Vernissage ist die feierliche Ausstellungseröffnung. Besonders wichtige Gäste werden hierzu eingeladen und alle, die zum Gelingen der Ausstellung beigetragen haben. Es werden viele Reden gehalten. Als Gäste einer Vernissage gehört ihr zu den ersten, die die Ausstellung sehen, und ihr könnt interessante Leute treffen. Nach den Eröffnungsreden gibt es kostenlose Getränke und Snacks. Manche Leute mögen Vernissagen vor allem deshalb. Man nennt sie das Taubengeschwader. Am nächsten Tag wird die Ausstellung für alle geöffnet. Je mehr Leute kommen, desto größer ist die Freude aller Beteiligten.

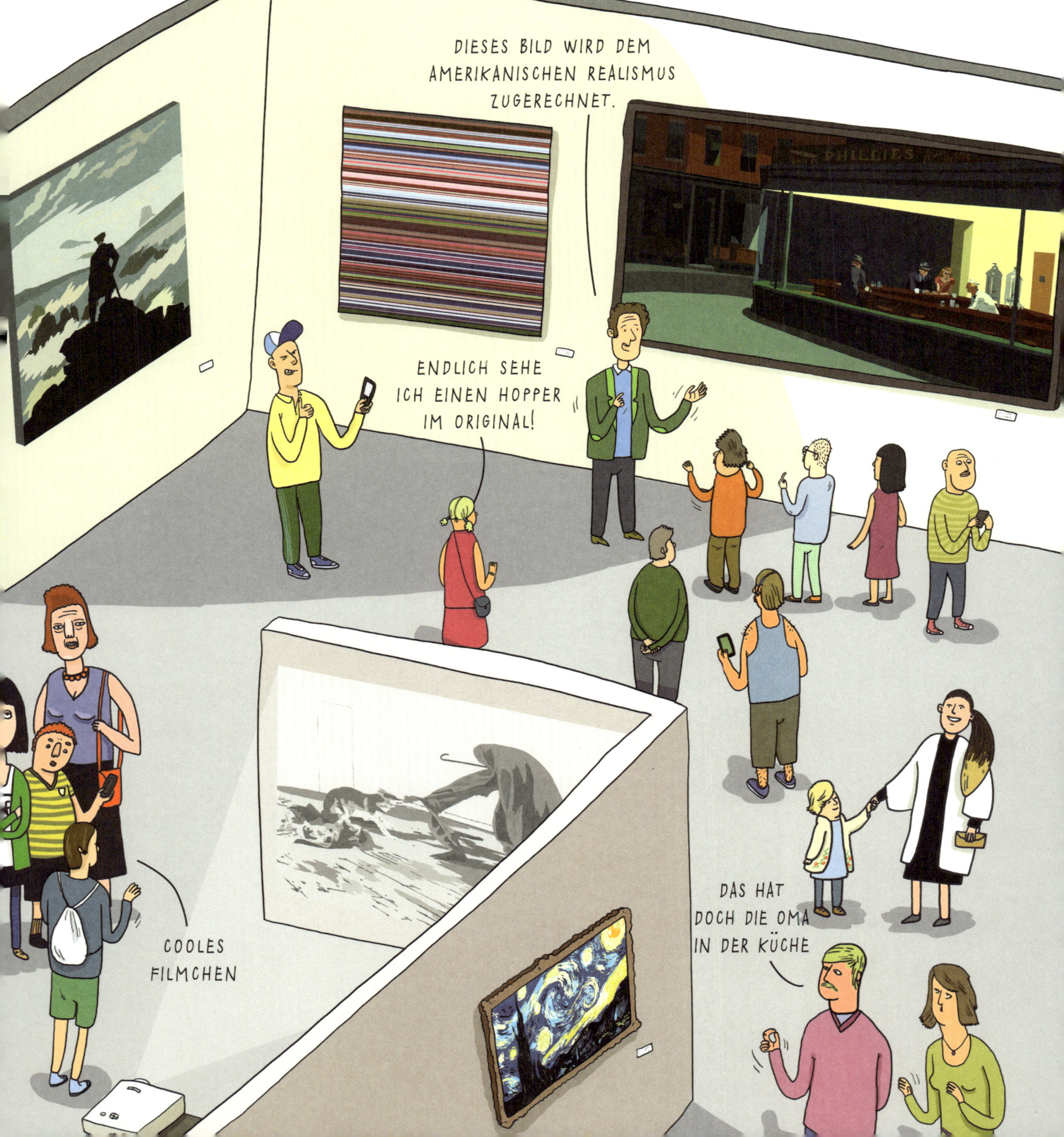

DIE AUSSTELLUNG *GEHEIME GÄRTEN*

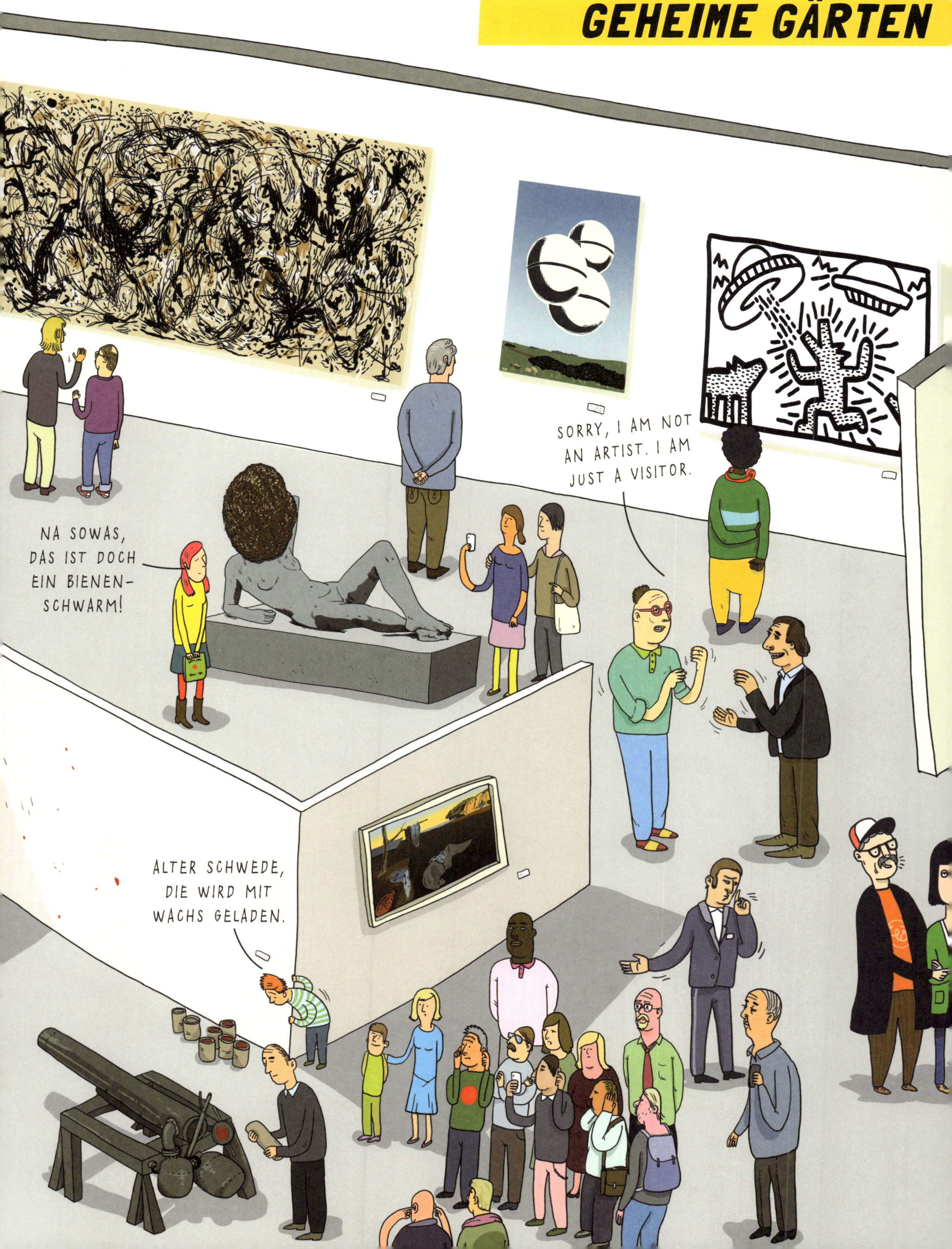

AUSSTELLUNGS-KRITIKEN

GROSSE SENSATION IM MUSEUM

Die Gäste der Vernissage zur Ausstellung **GEHEIME GÄRTEN** verließen das Museum gestern Abend mit dem Gefühl, Zeugen eines historischen Ereignisses geworden zu sein. So viele qualitativ hochwertige Kunstwerke aus allen wichtigen Museen der Welt an einem Ort versammelt zu sehen, das bekommt man nicht alle Tage geboten. Wer im Grunde seiner Seele noch ein Stück weit Kind geblieben ist, versteht sofort, die Geschichten, die die Museumskuratoren in den **GEHEIMEN GÄRTEN** versteckt haben. Gleichzeitig ist die Ausstellung durchaus anspruchsvoll. Sie stellt grundlegende Fragen, die die Menschheit seit jeher beschäftigen: „Wer sind wir? Woher kommen wir? Wohin gehen wir?" **GEHEIME GÄRTEN** ist der beste Beweis, dass es nicht nur ergiebig, sondern auch unterhaltsam ist, über diese Fragen mithilfe der Kunst nachzudenken. Zu diesem Zweck präsentiert das Museum eine einzigartige Auswahl von Kunstwerken quer durch alle Epochen. Bilder und Plastiken, die vor Hunderten von Jahren entstanden sind, stehen direkt neben Videoinstallationen zeitgenössischer Künstler. Das mag riskant erscheinen, aber die **GEHEIMEN GÄRTEN** zeigen, dass Mut sich auszahlt. Die Kunstwerke stehen nicht so sehr durch ihre Entstehungszeit miteinander in Verbindung, auch nicht durch Form, Medium oder Material, sondern vielmehr durch die Gedanken, die sie ausdrücken. Das Museumsteam konnte durch seine hervorragende Arbeit sehr viele Meisterwerke von erstklassigen Museen in aller Welt als Leihgaben erhalten. Auch die grafische und architektonische Umsetzung der Ausstellung trägt dazu bei, dass der Besuch von **GEHEIME GÄRTEN** zu einem unvergesslichen Erlebnis wird.

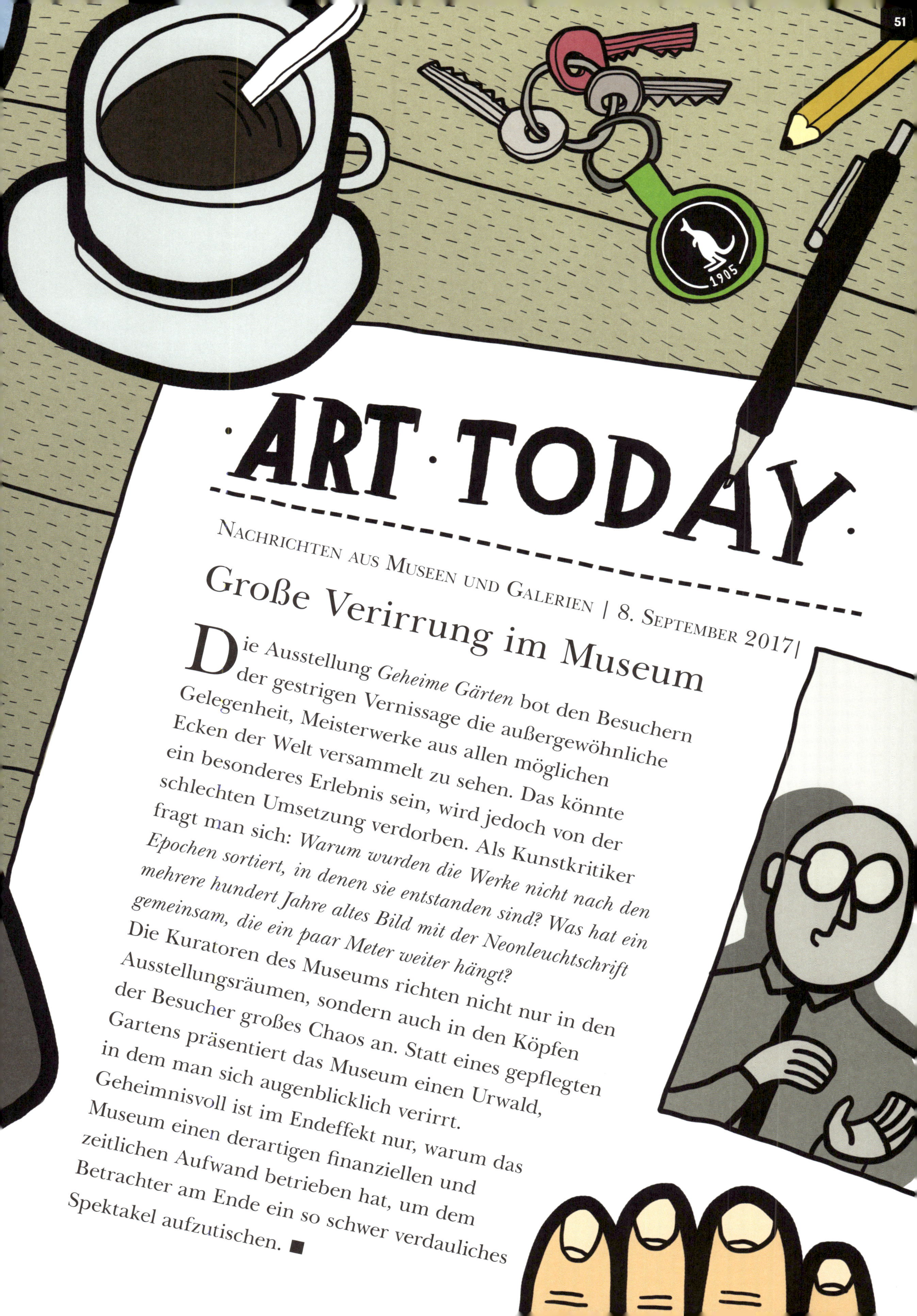

·ART·TODAY·

NACHRICHTEN AUS MUSEEN UND GALERIEN | 8. SEPTEMBER 2017|

Große Verirrung im Museum

Die Ausstellung *Geheime Gärten* bot den Besuchern der gestrigen Vernissage die außergewöhnliche Gelegenheit, Meisterwerke aus allen möglichen Ecken der Welt versammelt zu sehen. Das könnte ein besonderes Erlebnis sein, wird jedoch von der schlechten Umsetzung verdorben. Als Kunstkritiker fragt man sich: *Warum wurden die Werke nicht nach den Epochen sortiert, in denen sie entstanden sind? Was hat ein mehrere hundert Jahre altes Bild mit der Neonleuchtschrift gemeinsam, die ein paar Meter weiter hängt?* Die Kuratoren des Museums richten nicht nur in den Ausstellungsräumen, sondern auch in den Köpfen der Besucher großes Chaos an. Statt eines gepflegten Gartens präsentiert das Museum einen Urwald, in dem man sich augenblicklich verirrt. Geheimnisvoll ist im Endeffekt nur, warum das Museum einen derartigen finanziellen und zeitlichen Aufwand betrieben hat, um dem Betrachter am Ende ein so schwer verdauliches Spektakel aufzutischen. ■

DAS KUNSTWERKE-GLOSSAR

WO IST ÜBERALL KUNST?

IHR WISST NUN, DASS IM MUSEUM KUNSTWERKE AUSGESTELLT WERDEN. OHNE DIESE WÄRE ES JA NUR EIN LEERES GEBÄUDE. DESHALB FINDET IHR AUCH IN UNSEREM BUCH AUF FAST JEDER SEITE ZAHLREICHE BILDER, DIE EUCH KUNSTWERKE VORSTELLEN MÖCHTEN. MANCHMAL ERKENNT IHR VIELLEICHT GAR NICHT AUF DEN ERSTEN BLICK, DASS IHR GERADE DAS WERK EINES BERÜHMTEN KÜNSTLERS BETRACHTET. DAS IST BEI DER MODERNEN KUNST OFT DER FALL, DIE VERSUCHT, SICH DEM WIRKLICHEN LEBEN SO WEIT WIE MÖGLICH ANZUNÄHERN. IN DIESEM KAPITEL VERRATEN WIR EUCH, WELCHE WERKE IHR IN DIESEM BUCH FINDET, UND IHR ERFAHRT AUCH, WER SIE WANN GEMACHT HAT UND WIE SIE HEISSEN. KÖNNT IHR ALLE WERKE AUF DEN VORIGEN SEITEN DIESES BUCHES FINDEN?

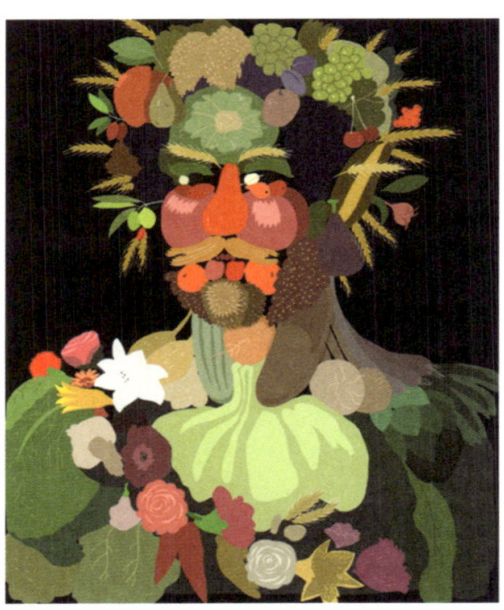

GIUSEPPE ARCIMBOLDO, RUDOLF II. ALS VERTUMNUS, 1590–91

GERHARD RICHTER, STRIP (II), 2013

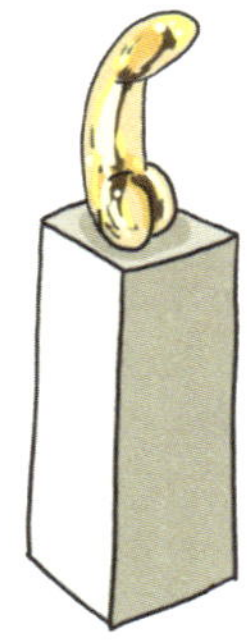

CONSTANTIN BRÂNCUȘI, PRINZESSIN X, 1915–16

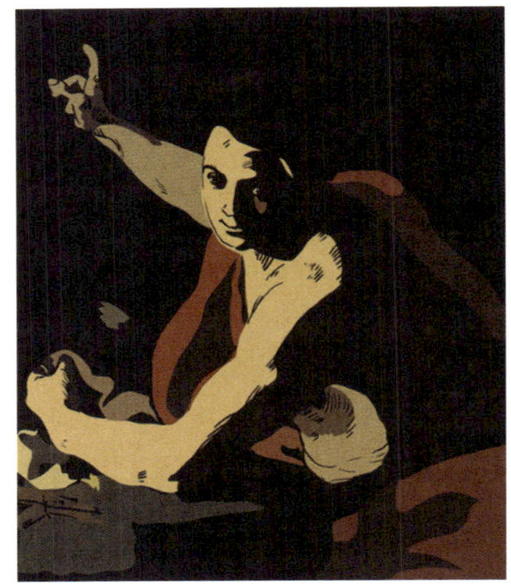

FRANCESCO SOLIMENA, ST. JOHANNES DER TÄUFER, um 1730

TO SEE AND BE SEEN

LAWRENCE WEINER, TO SEE AND BE SEEN, 1972

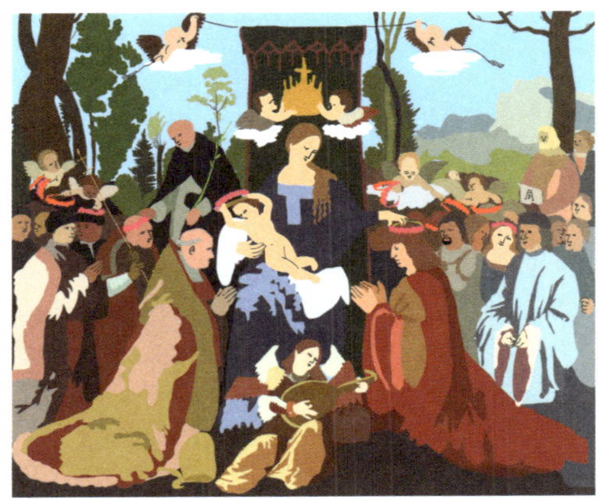

ALBRECHT DÜRER, DAS ROSENKRANZ-FEST, 1506

HENRI MATISSE, DER TANZ, 1910

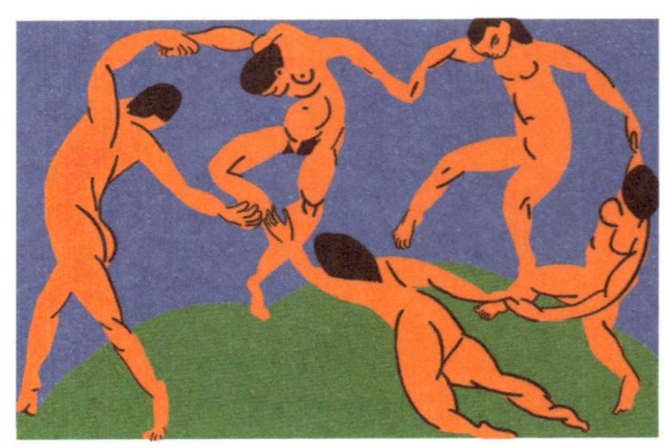

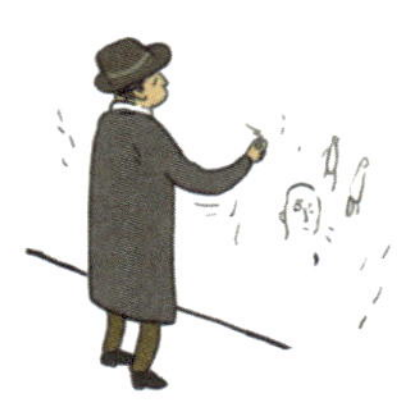

VLADIMÍR BOUDNÍK, AKTION IN DEN STRASSEN VON PRAG, 1949–53

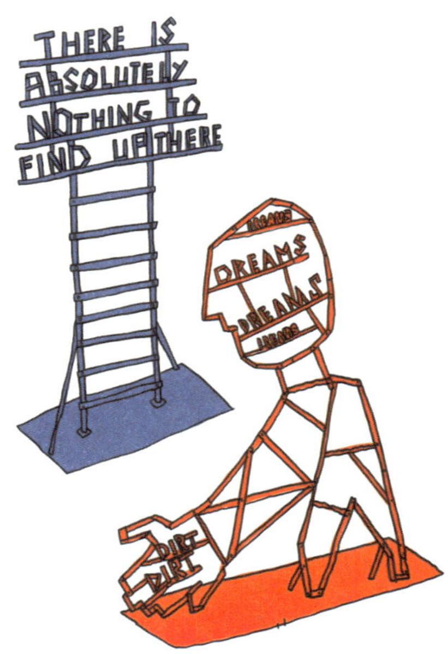

OLAF BREUNING, DREAMS/DIRT. THERE IS ABSOLUTELY NOTHING TO FIND UP THERE, 2013

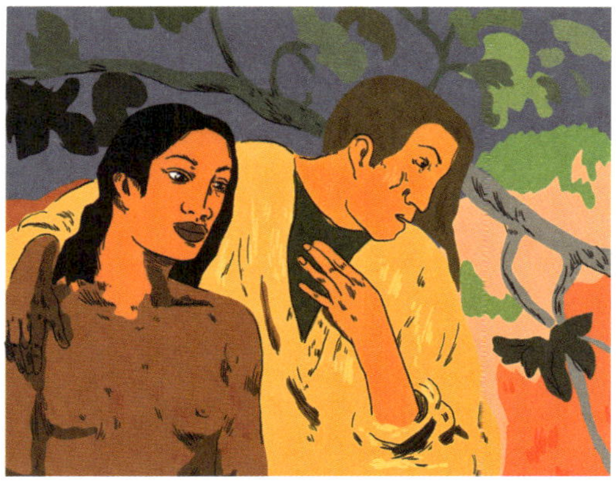

PAUL GAUGUIN, DIE FLUCHT, 1902

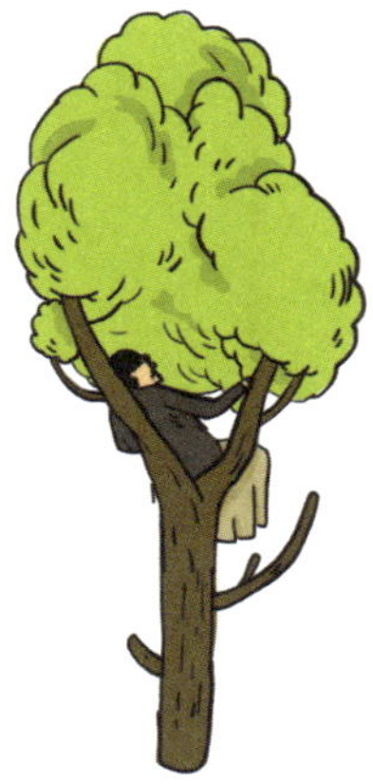

PETR ŠTEMBERA,
SCHLAF AUF DEM BAUM,
1975

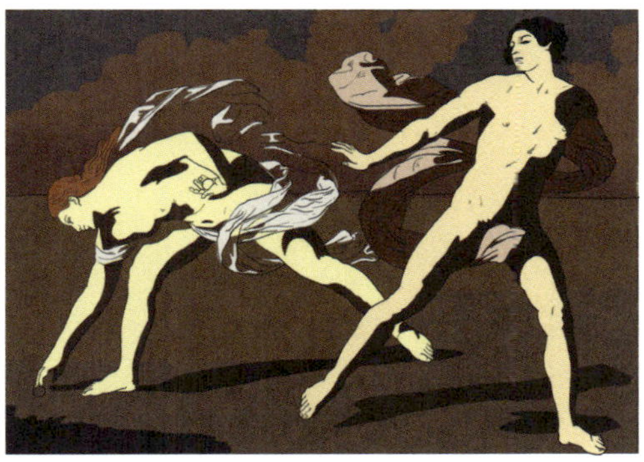

GUIDO RENI,
ATALANTE UND HIPPONEMES, 1620–25

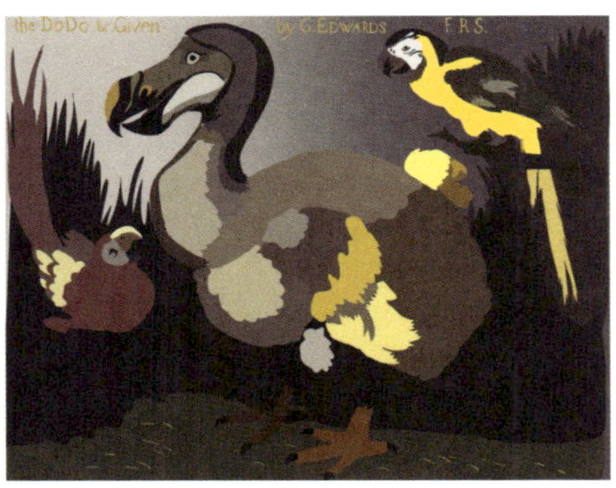

ROELANDT SAVERY,
DODO, 1626

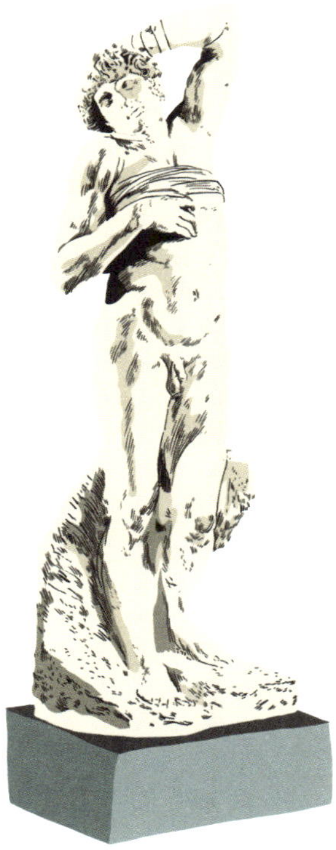

MICHELANGELO BUONARROTI,
STERBENDER SKLAVE,
1513–15

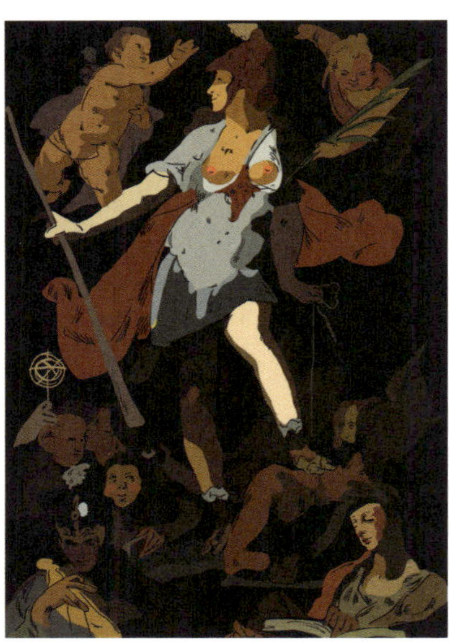

BARTHOLOMÄUS SPRANGER,
MINERVA ALS SIEGERIN ÜBER DIE UNWISSENHEIT, 1591

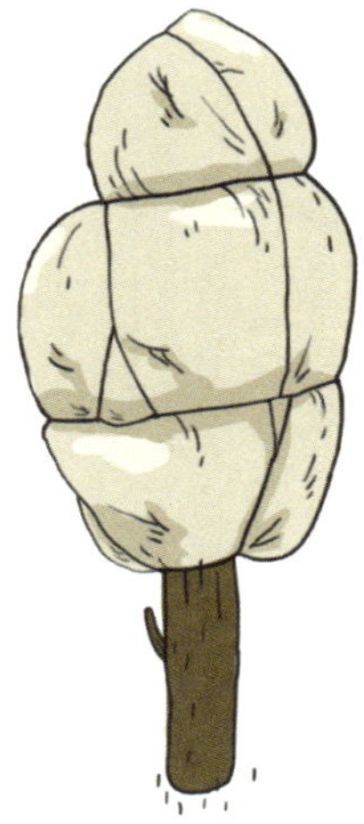

CHRISTO UND JEANNE-CLAUDE, VERHÜLLTE BÄUME, 1997–98

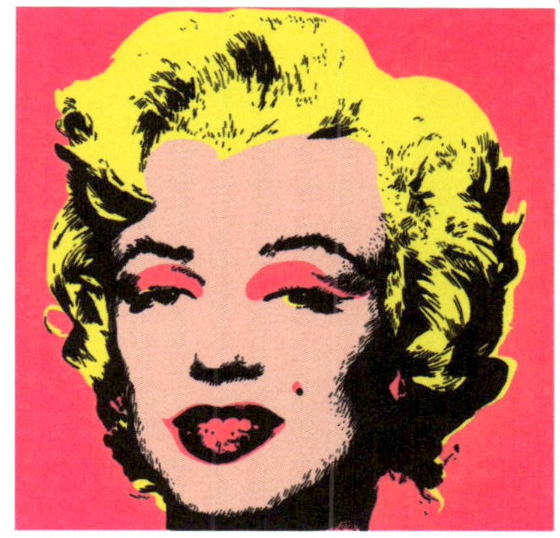

ANDY WARHOL, MARILYN, 1967

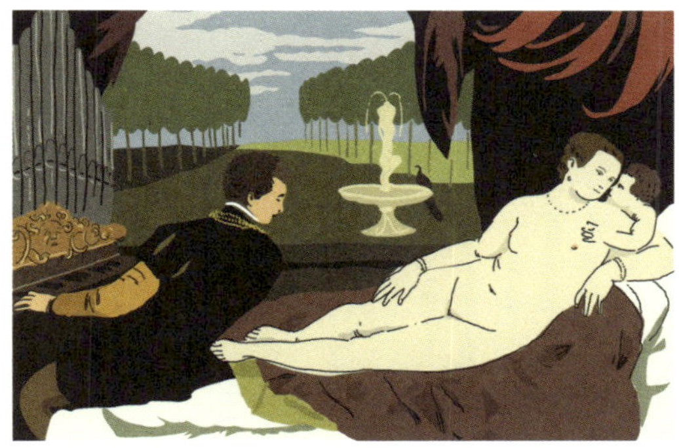

TIZIAN,
VENUS MIT DEM ORGELSPIELER,
1550

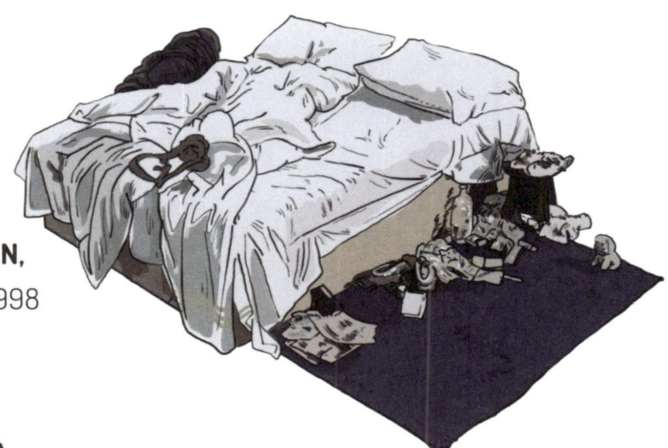

TRACEY EMIN,
MEIN BETT, 1998

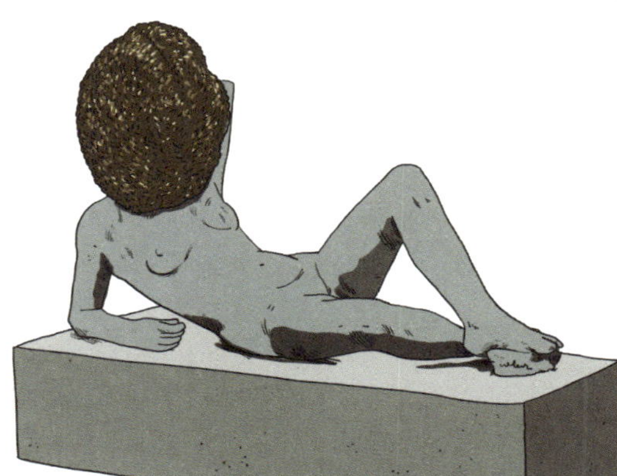

PIERRE HUYGHE,
OHNE TITEL,
2012

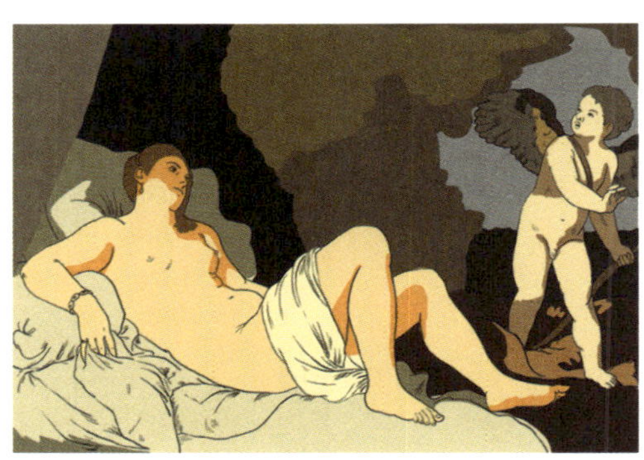

TIZIAN
DANAË MIT AMOR,
1544–45

JACKSON POLLOCK,
HERBST RHYTHMUS
(NUMMER 30), 1950

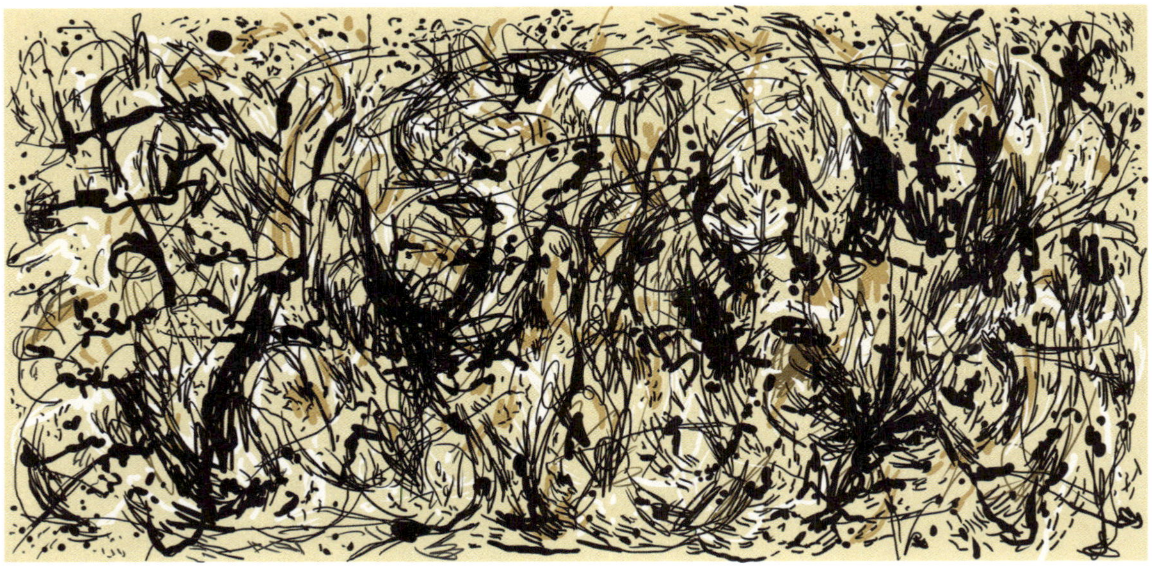

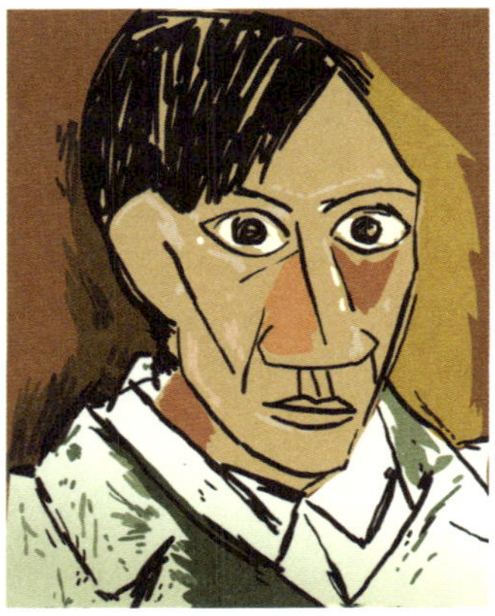

PABLO PICASSO,
SELBSTPORTRÄT, 1907

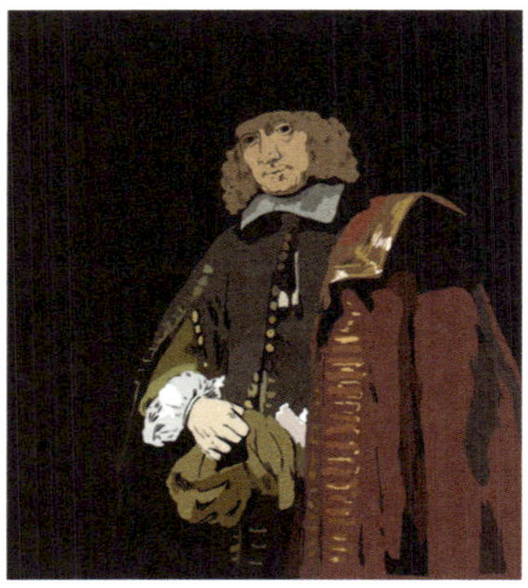

REMBRANDT VAN RIJN,
PORTRÄT DES JAN SIX, 1654

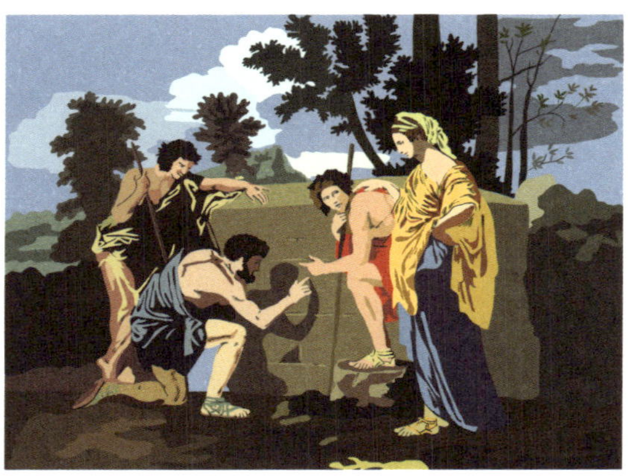

NICOLAS POUSSIN,
ET IN ARCADIA EGO, 1640

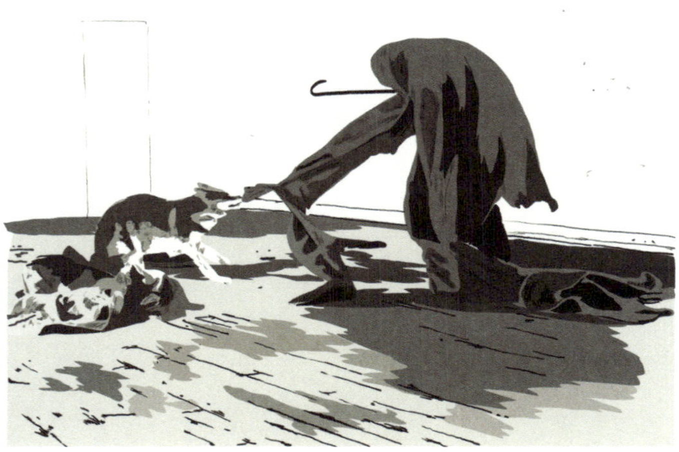

JOSEPH BEUYS, I LIKE AMERICA AND AMERICA LIKES ME, 1974

ANISH KAPOOR,
SHOOTING INTO THE CORNER, 2009

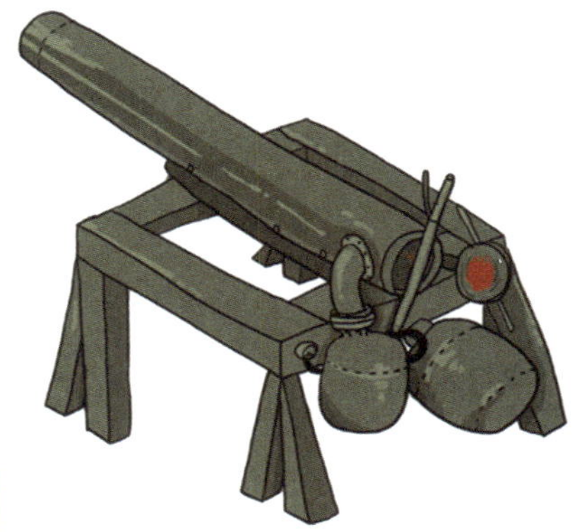

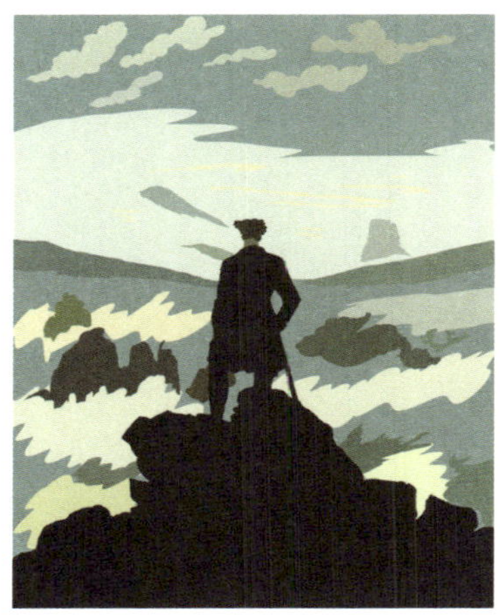

CASPAR DAVID FRIEDRICH,
DER WANDERER ÜBER DEM NEBELMEER, 1818

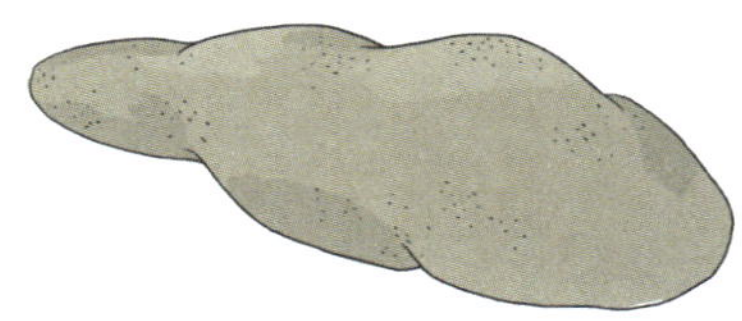

ROGER HIORNS,
OHNE TITEL, 2008

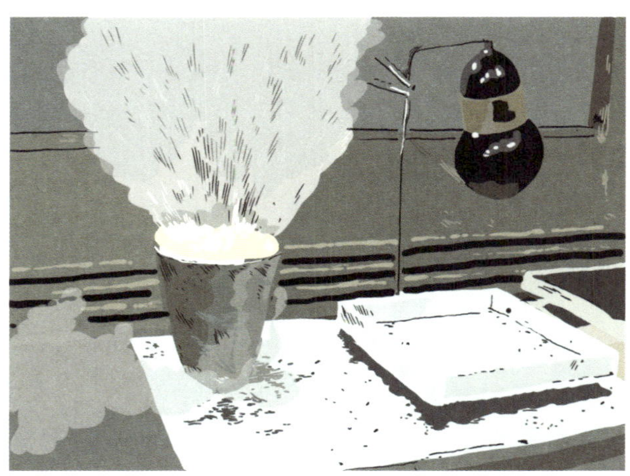

PETER FISCHLI UND DAVID WEISS, DER LAUF DER DINGE, 1987

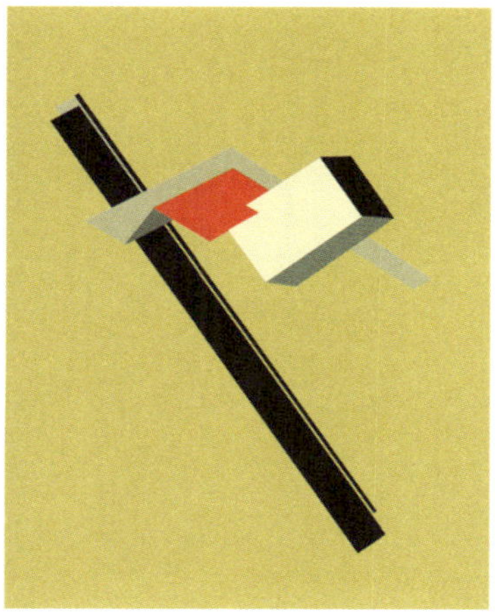

EL LISSITZKY,
PROUN GK, OHNE DATUM

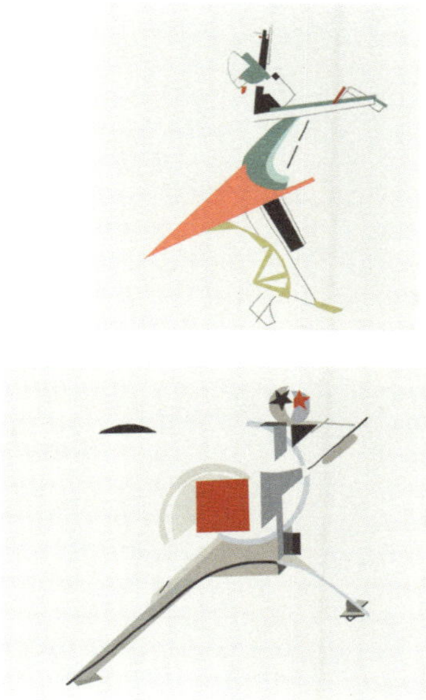

EL LISSITZKY,
NEUER,
OHNE DATUM

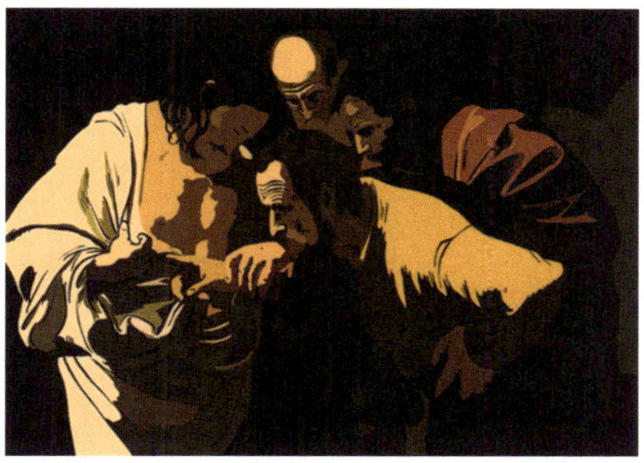

CARAVAGGIO,
DER UNGLÄUBIGE THOMAS, 1601–02

JIŘÍ KOVANDA,
DURCH EINE
GLASSCHEIBE KÜSSEN,
2007

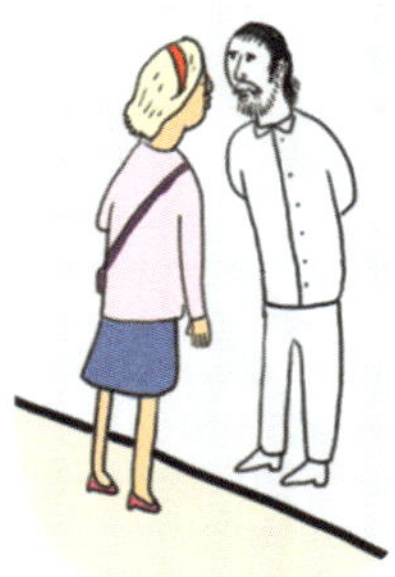

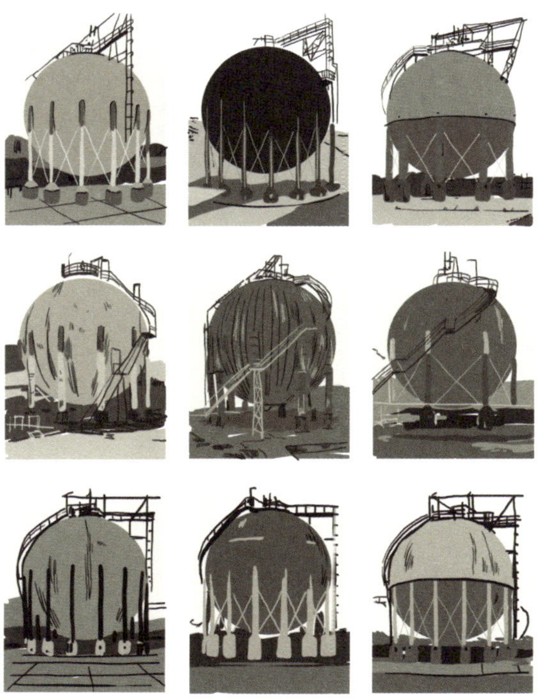

BERND AND HILLA BECHER, GASBEHÄLTER, 1983

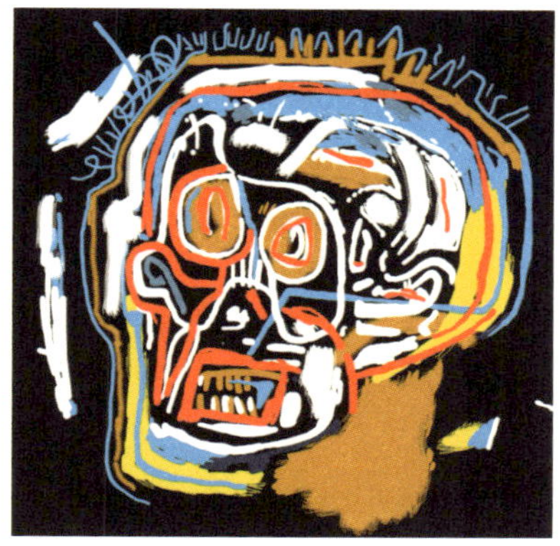

JEAN-MICHEL BASQUIAT,
TOTENKOPF, 1983

PIETER CLAESZ,
STILLLEBEN MIT
TOTENKOPF,
1628

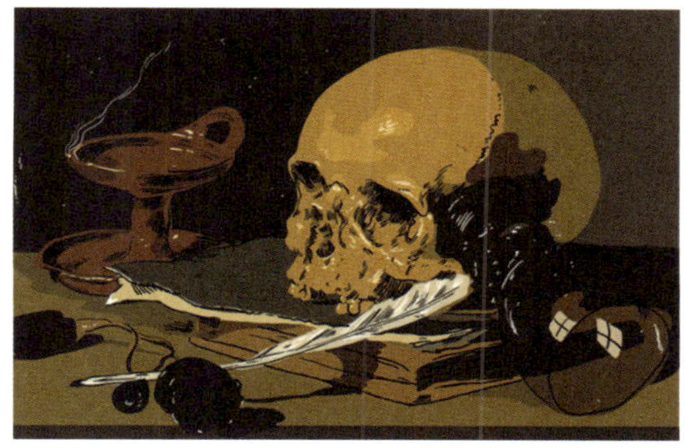

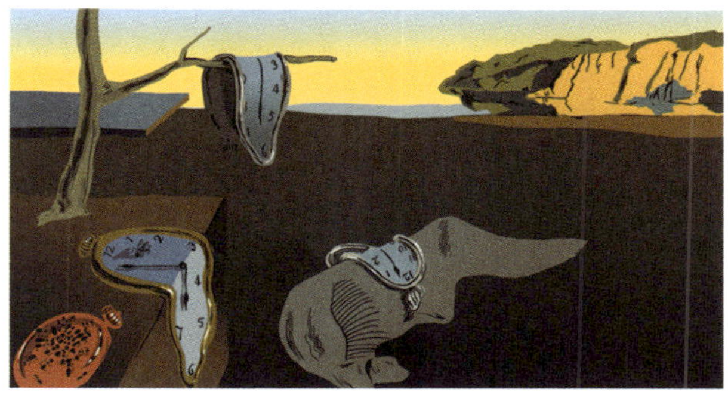

SALVATOR DALÍ, DIE BESTÄNDIGKEIT DER ERINNERUNG, 1931

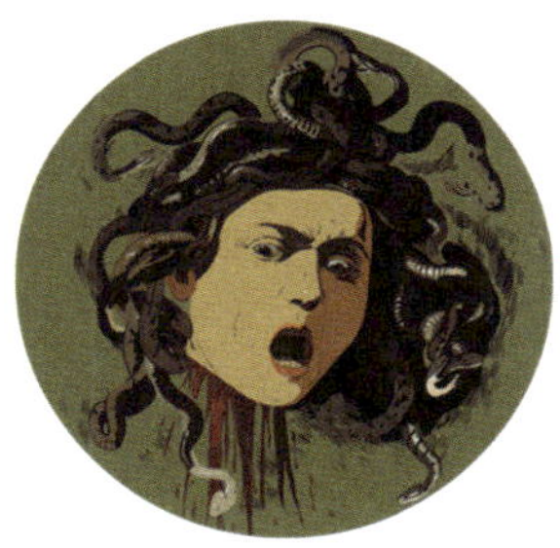

CARAVAGGIO,
MEDUSA, 1597

PETER PAUL RUBENS,
DAS HAUPT
DER MEDUSA, 1617–18

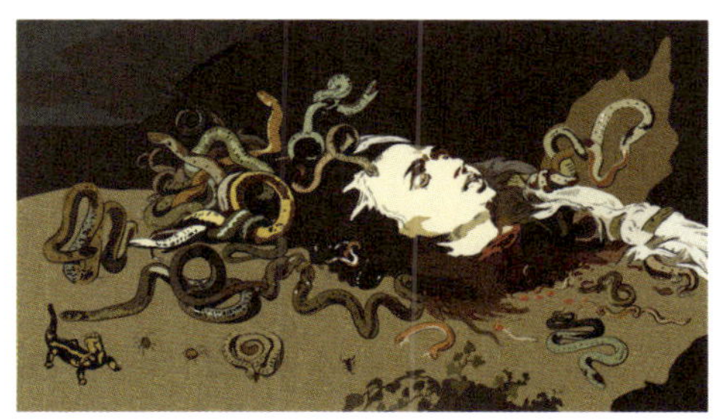

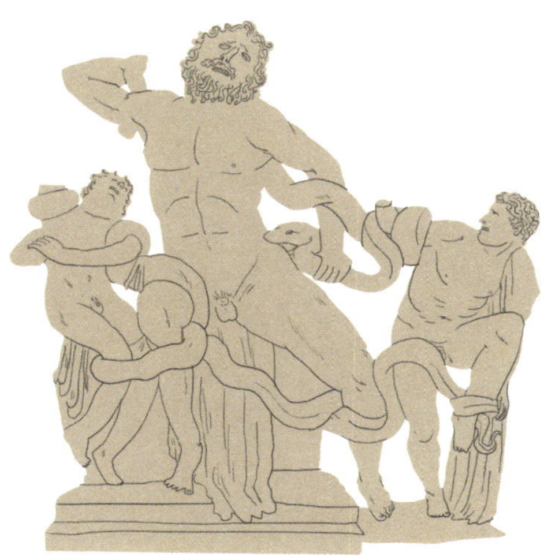

LAOKOON-GRUPPE,
ungefähr 200 v. Chr.

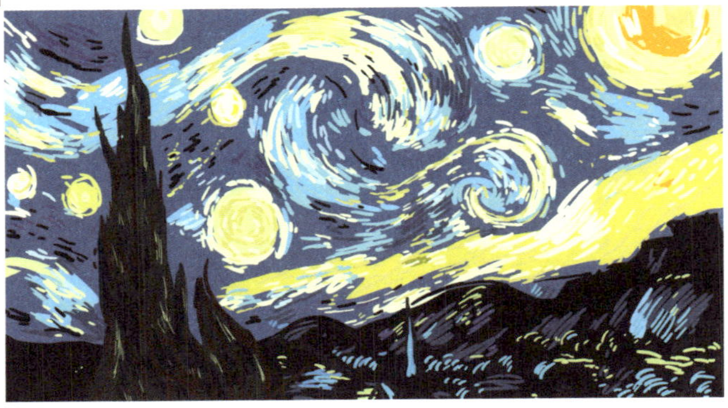

VINCENT VAN GOGH, STERNENNACHT, 1889

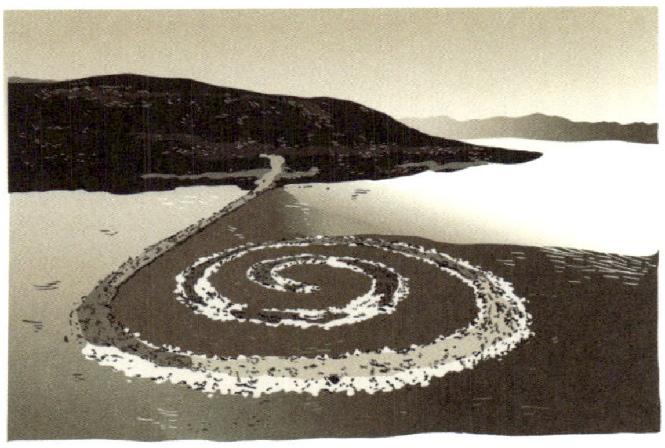

ROBERT SMITHSON, SPIRAL JETTY, 1970

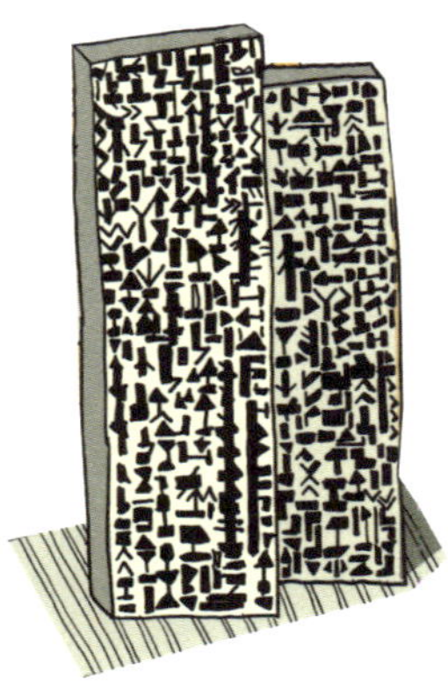

ZDENĚK SÝKORA, MOSAIKE AN LÜFTUNGSSCHÄCHTEN, 1969

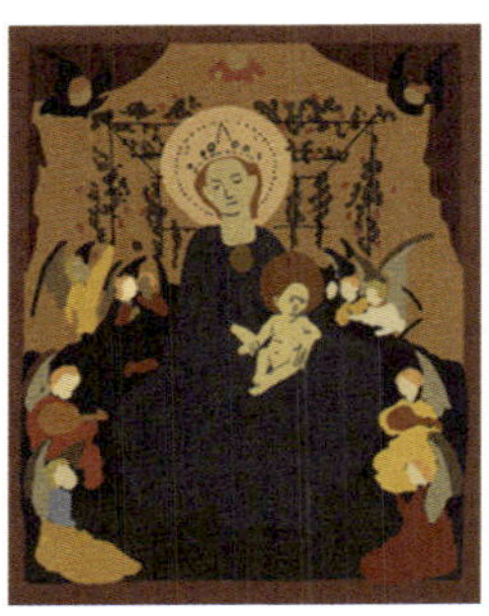

STEFAN LOCHNER, MADONNA IM ROSENHAG, 1440–42

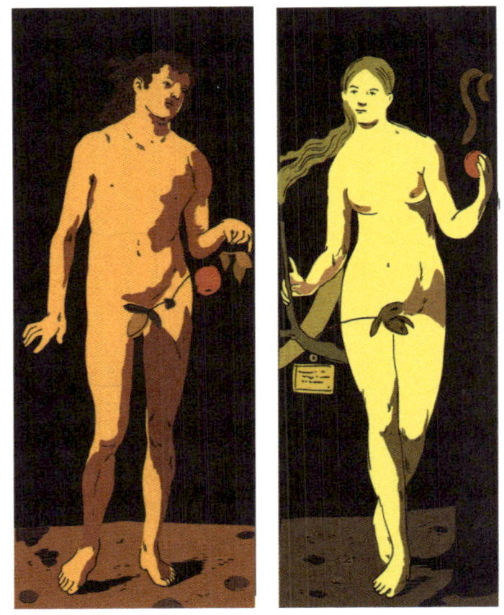

ALBRECHT DÜRER, ADAM UND EVA, 1507

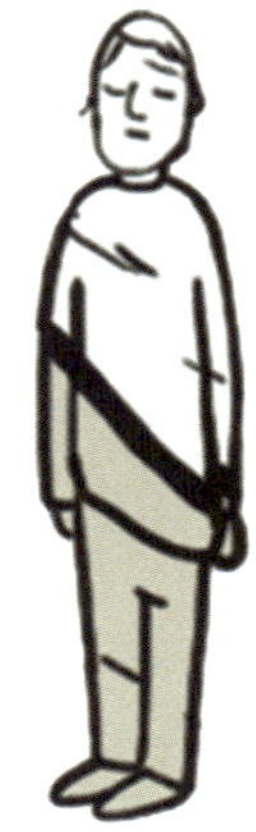

LIU BOLIN HIDING IN THE CITY, 2011

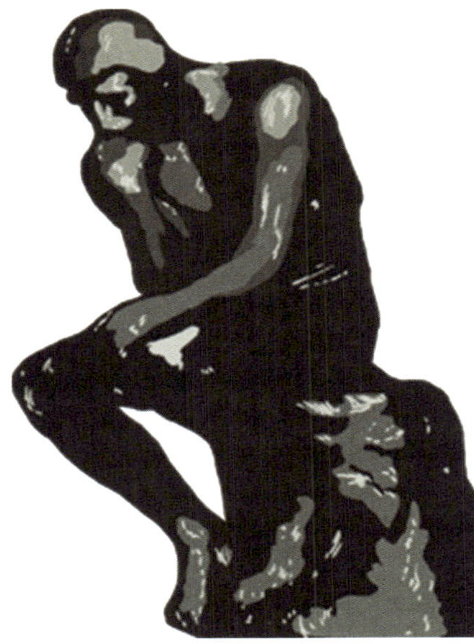

AUGUST RODIN, DER DENKER, 1882

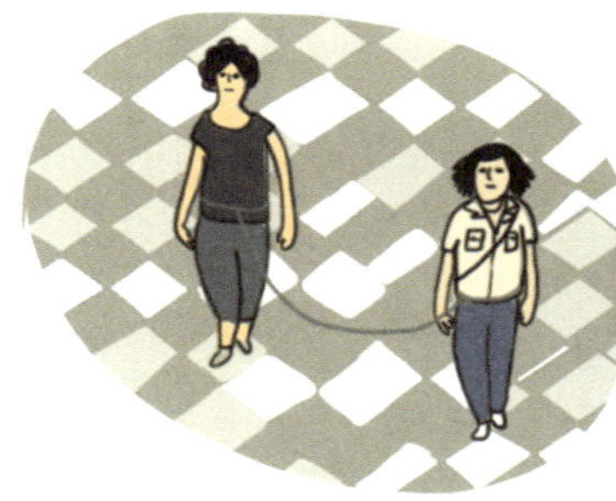

LINDA MONTANO UND **TEHCHING HSIEH** ART/LIFE ONE YEAR PERFORMANCE, 1983

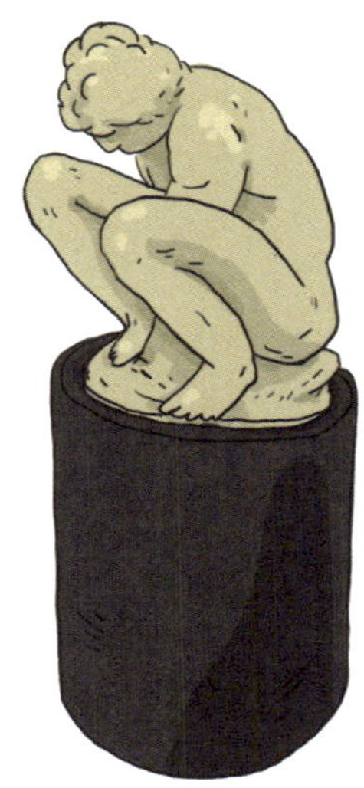

MICHELANGELO BUONARROTI, STATUE EINES KAUERNDEN KNABEN, 1530

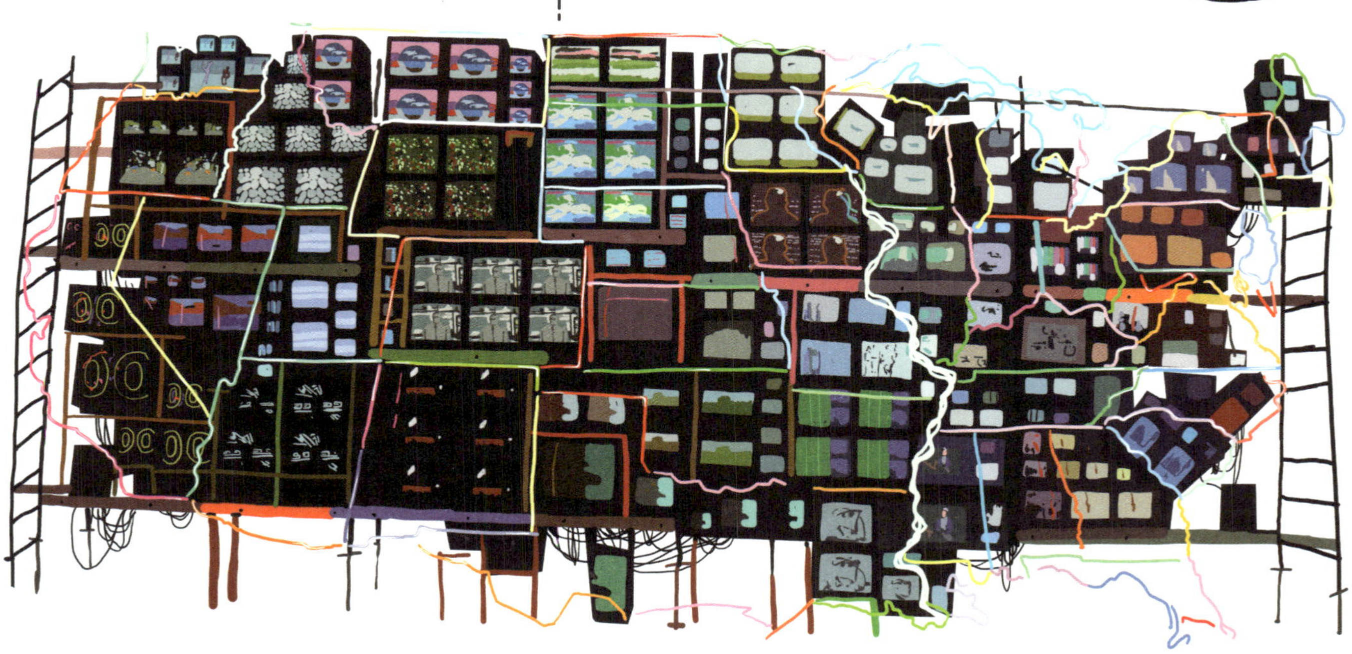

NAM JUNE PAIK, ELECTRONIC SUPERHIGHWAY, 1995–96

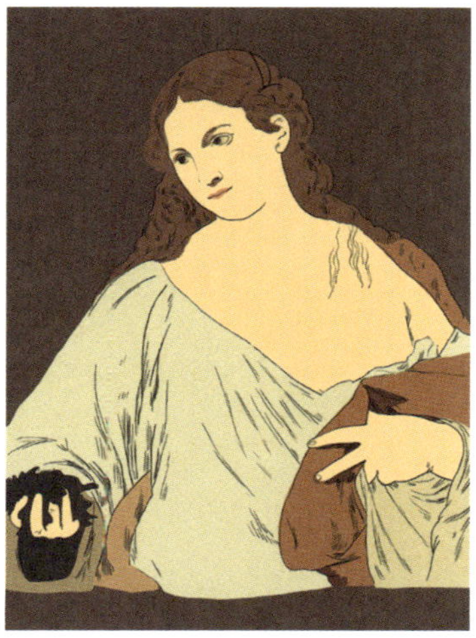

TIZIAN,
FLORA, 1515

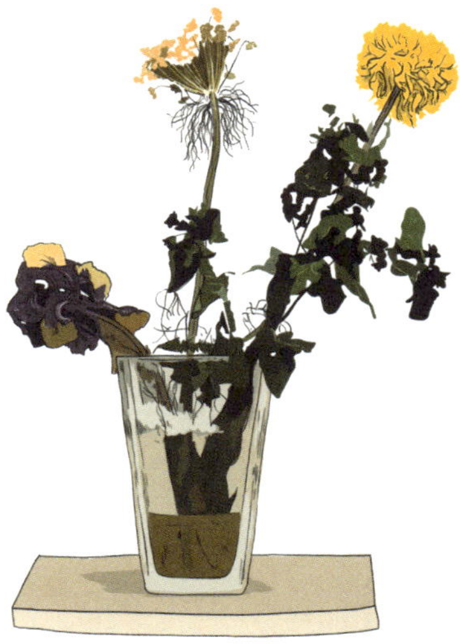

MAREK MEDUNA,
ICH BAT DIE FRAU IM BLUMENLADEN, DIE BLUMEN AUSZUSUCHEN, DIE AM WENIGSTEN ZUSAMMENPASSEN, 2007

EDWARD HOPPER, NIGHTHAWKS, 1942

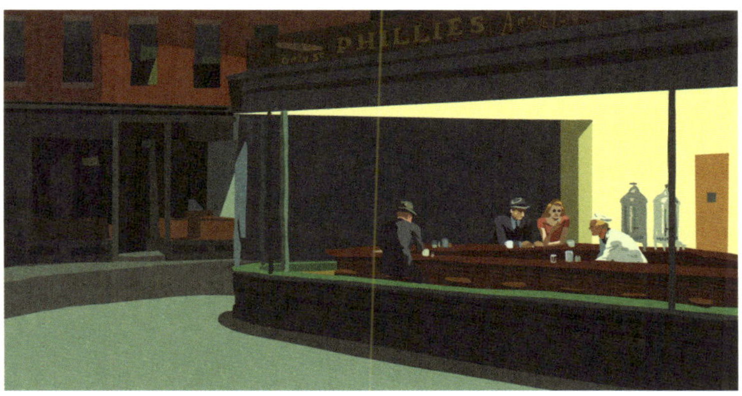

DIEGO VÉLAZQUEZ, DIE HOFFRÄULEIN, 1656

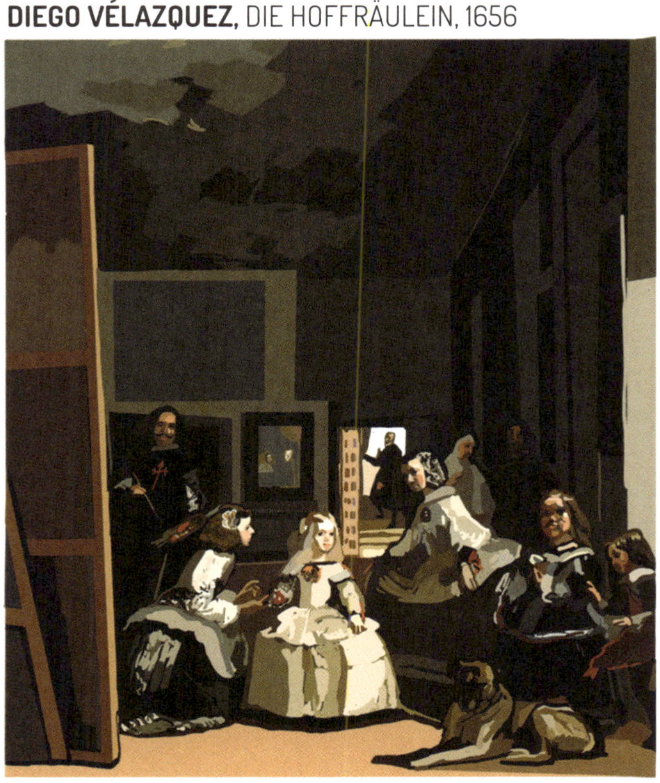

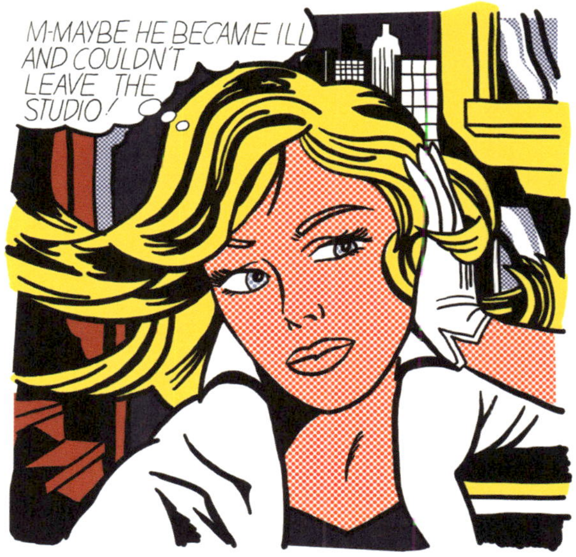

ROY LICHTENSTEIN, M-MAYBE, 1965

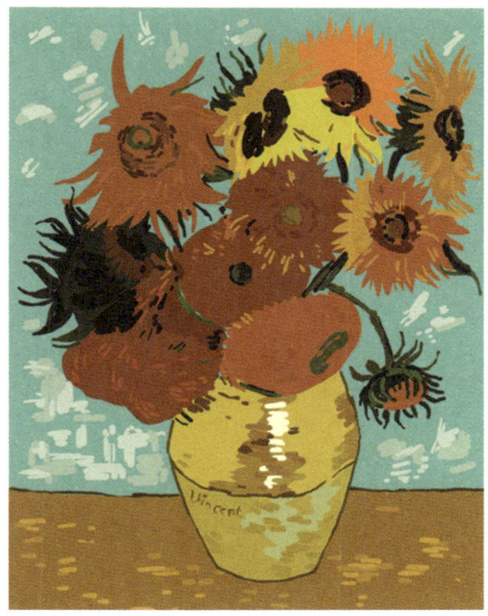

VINCENT VAN GOGH,
SONNENBLUMEN, 1887

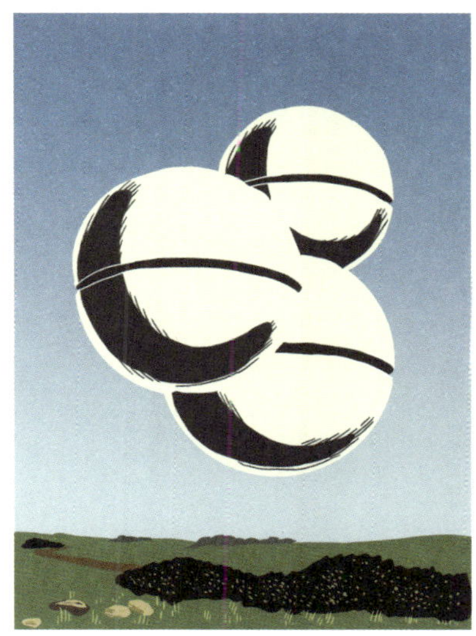

RENÉ MAGRITTE,
DIE STIMME DER LUFT, 1931

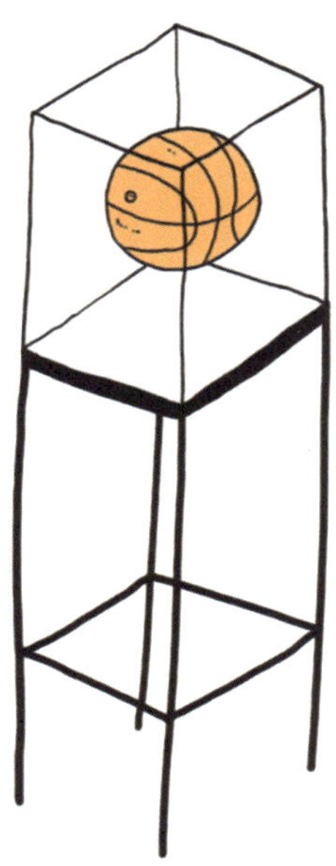

JEFF KOONS,
ONE BALL TOTAL EQUILIBRIUM TANK, 1995

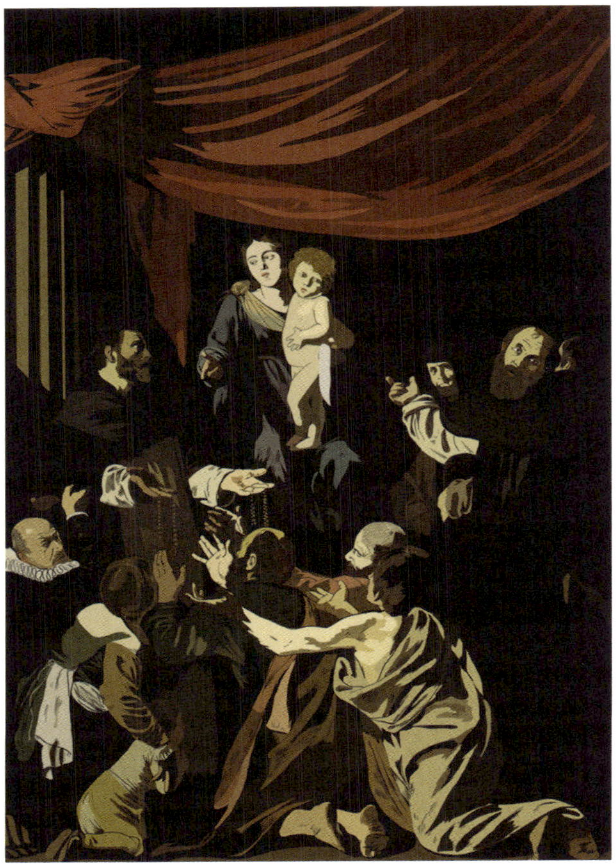

CARAVAGGIO, ROSENKRANZMADONNA, 1607

CARSTEN HÖLLER,
VALERIO II, 1998

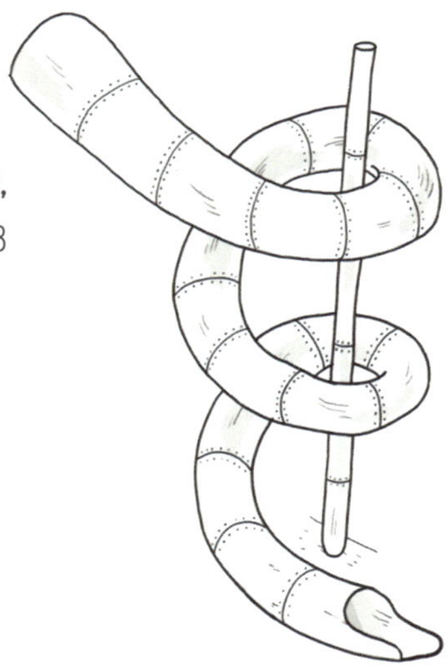

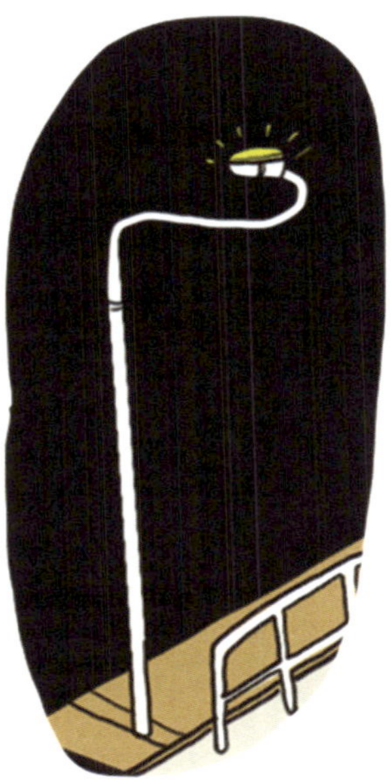

KRIŠTOF KINTERA,
OF ONE'S OWN VOLITION –
MEMENTO MORI, 2009–11

ANNIBALE CARRACCI,
DIE BÜSSENDE
MARIA MAGDALENA,
1598

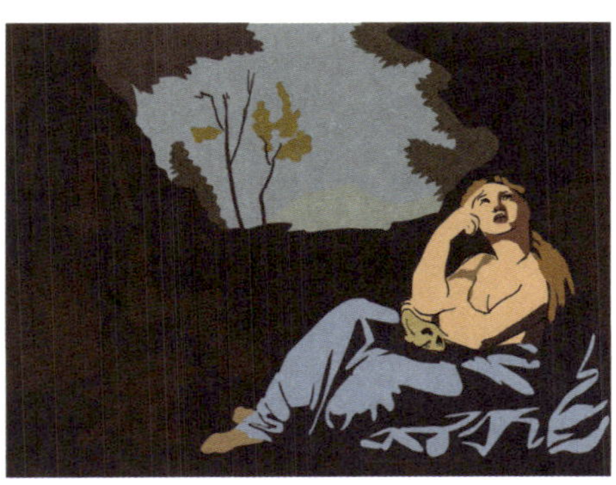

DAMIEN HIRST,
THE PHYSICAL
IMPOSSIBILITY OF
DEATH IN THE MIND
OF SOMEONE
LIVING, 1991

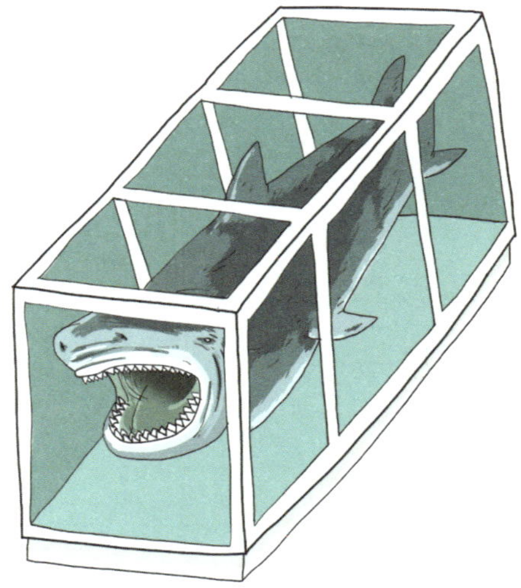

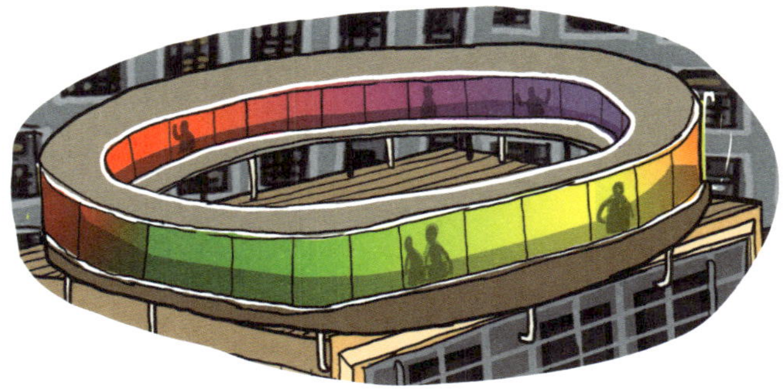

OLAFUR ELIASSON, YOUR RAINBOW PANORAMA,
2006–11

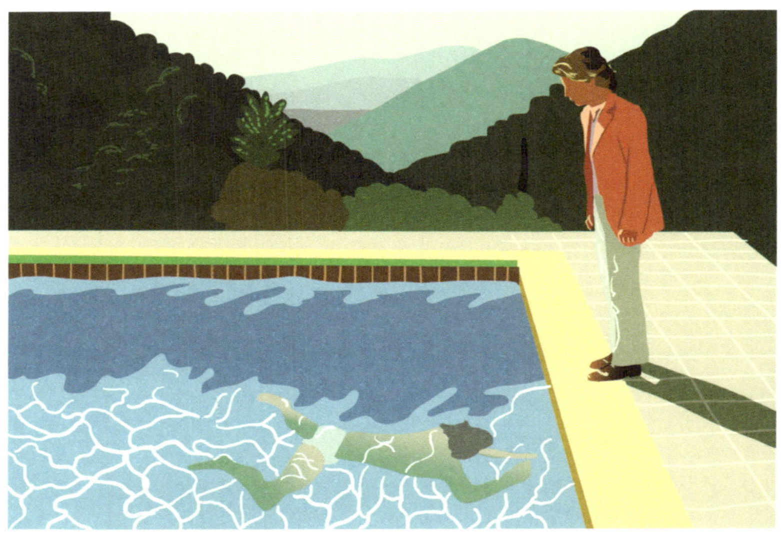

DAVID HOCKNEY, PORTRAIT OF AN ARTIST
(POOL WITH TWO FIGURES), 1972

MARK ROTHKO,
BLACK IN DEEP RED,
1957

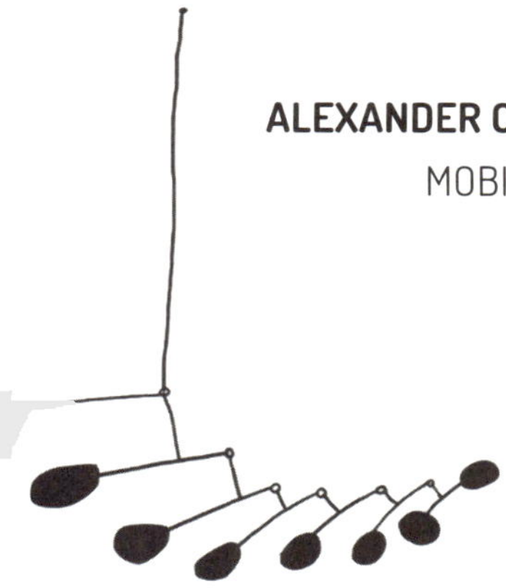

ALEXANDER CALDER,
MOBILE, 1934

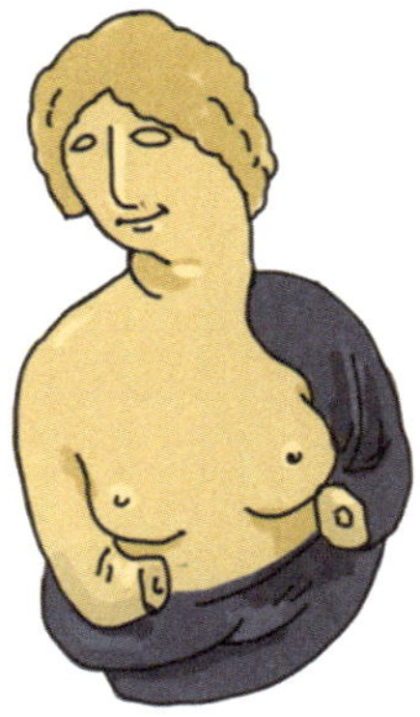

RICHARD COCKLE LUCAS,
FLORA, nach 1840

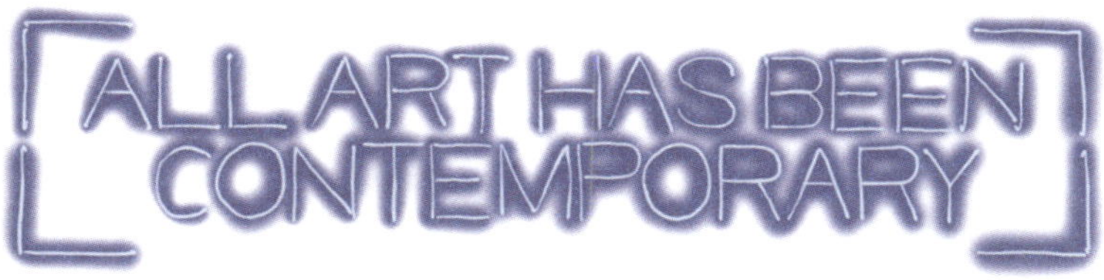

MAURIZIO NANNUCCI,
ALL ART HAS BEEN CONTEMPORARY, 1999

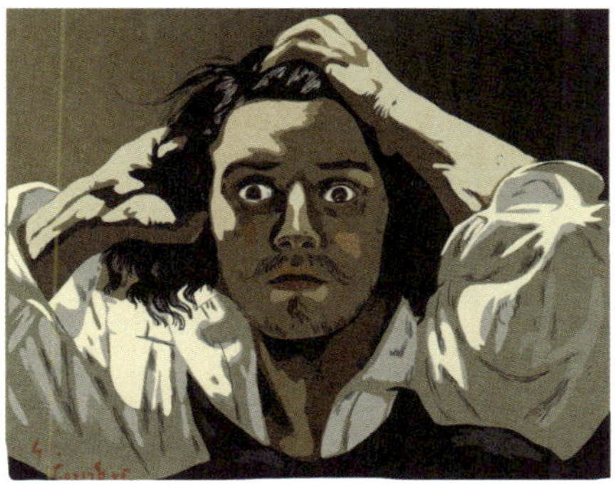

GUSTAVE COURBET,
DER VERZWEIFELTE
(SELBSTPORTRÄT),
1844–45

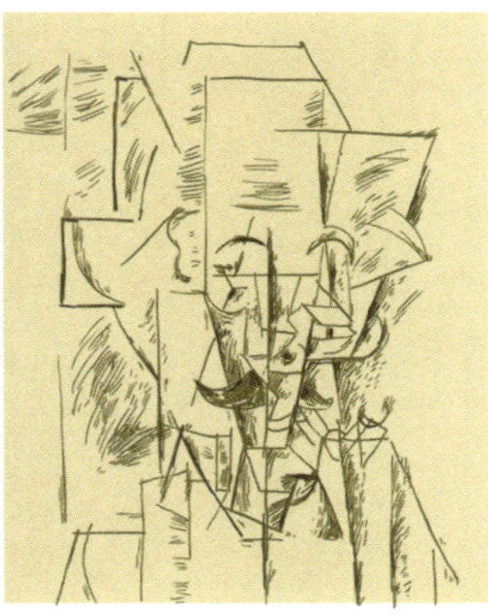

PABLO PICASSO,
DER SPANIER,
ohne Datum

JOSEPH KOSUTH, ONE AND THREE CHAIRS, 1965

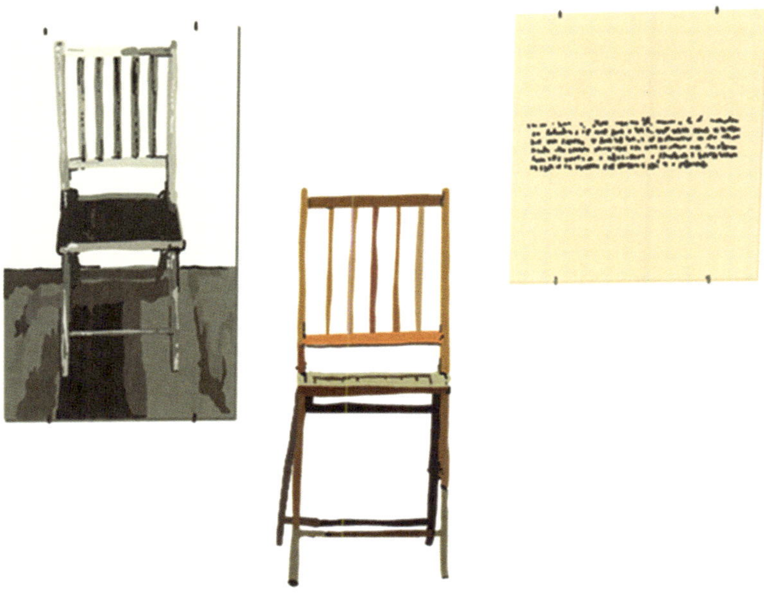

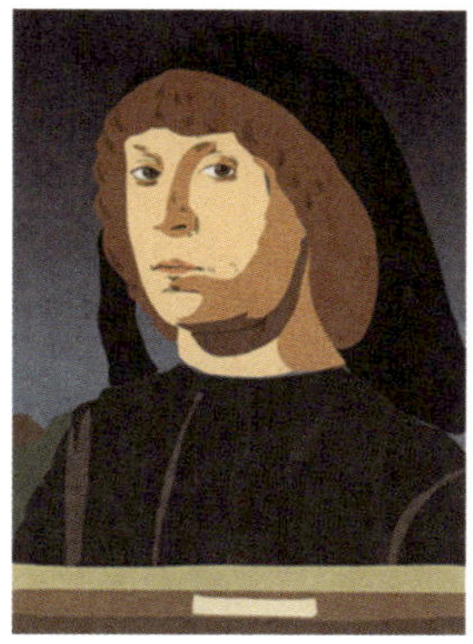

ANTONELLO DA MESSINA, BILDNIS EINES JUNGEN MANNES, 1478

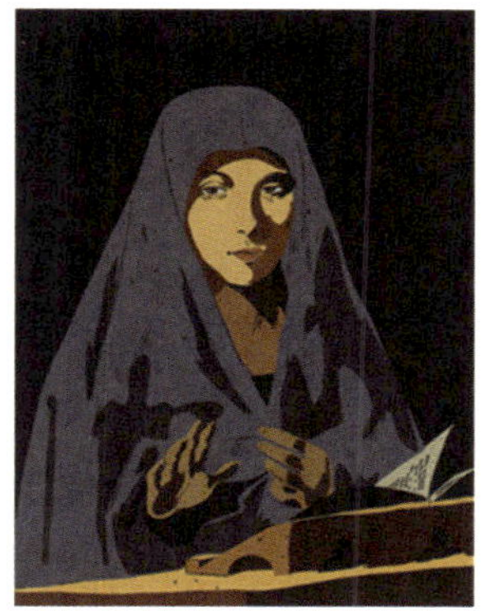

ANTONELLO DA MESSINA,
MARIA DER VERKÜNDIGUNG,
1475

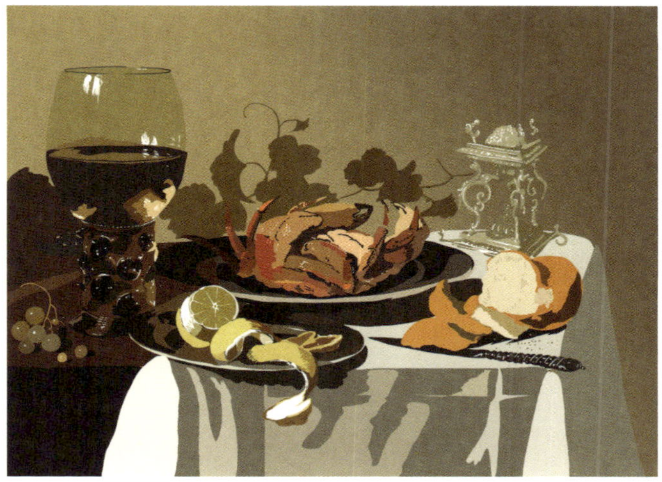

PIETER CLAESZ,
STILLLEBEN MIT
RÖMER, KRABBE UND
GESCHÄLTER ZITRONE,
1525

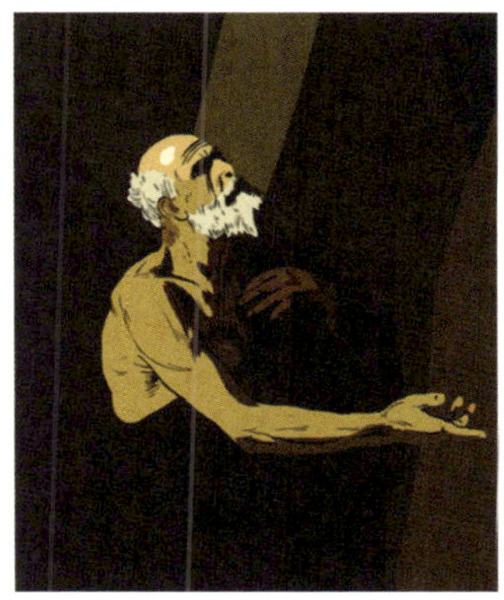

JUSEPE DE RIBERA,
DER HEILIGE ANDREAS,
1620

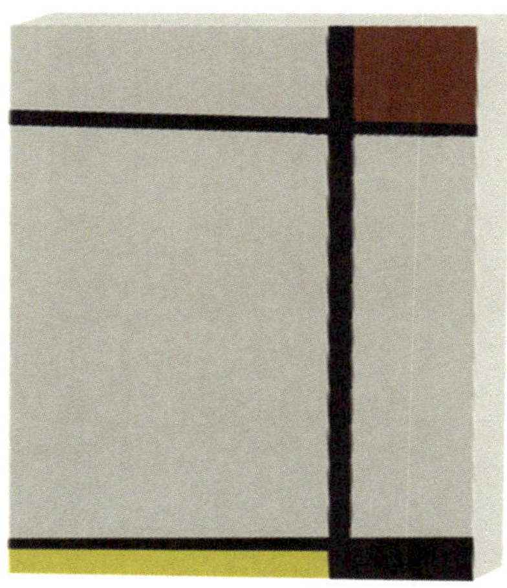

PIET MONDRIAN,
KOMPOSITION, OHNE DATUM

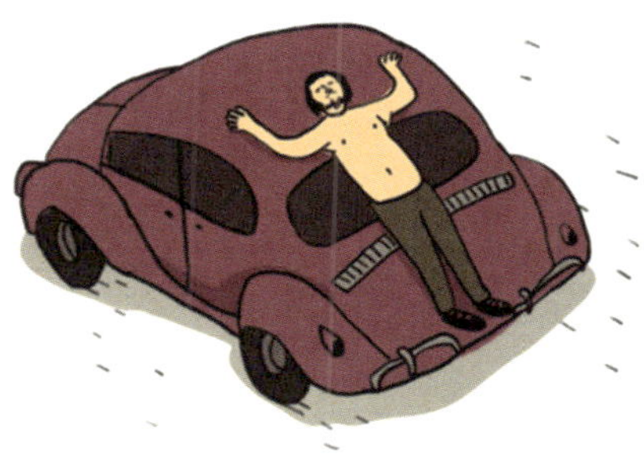

CHRIS BURDEN,
TRANS-FIXED,
1974

FRANZ MARC,
BLAUES PFERD, 1911

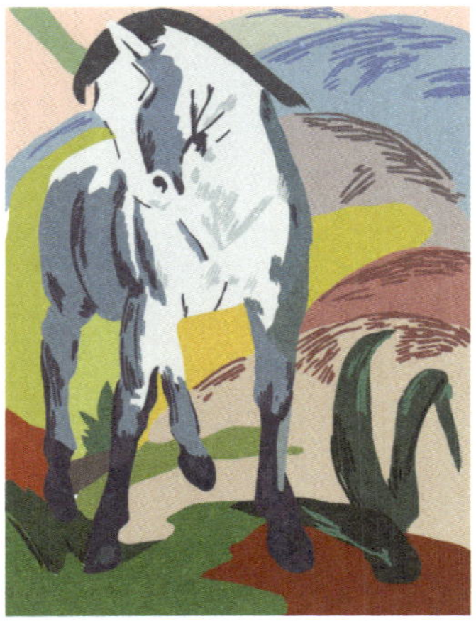

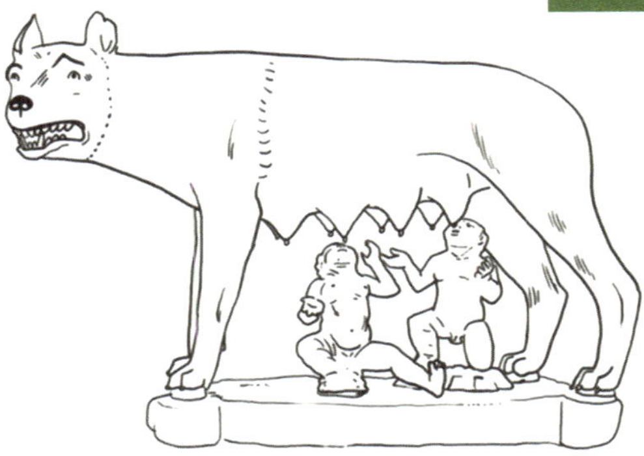

KAPITOLINISCHE
WÖLFIN,
5. JAHRHUNDERT
v. Chr

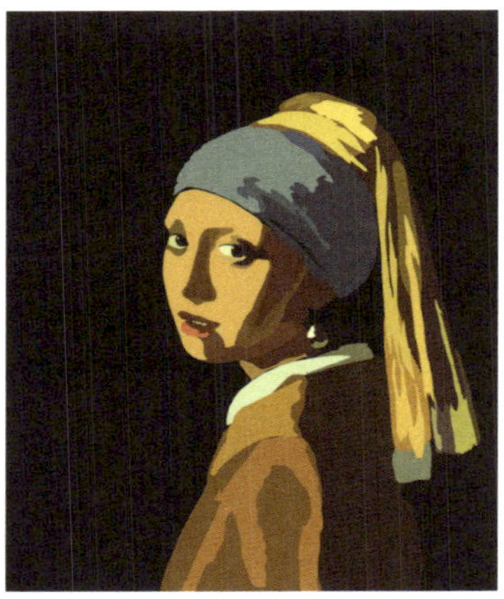

JAN VERMEER
VAN DELFT,
DAS MÄDCHEN MIT DEM
PERLENOHRGEHÄNGE,
1665

GIUSEPPE
ARCIMBOLDO,
FLORA, 1588

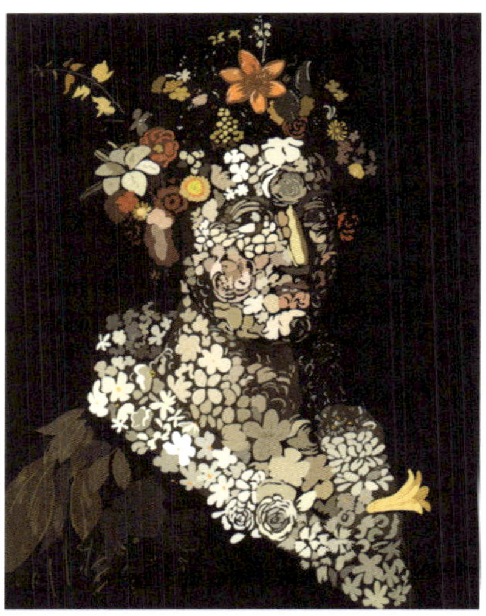

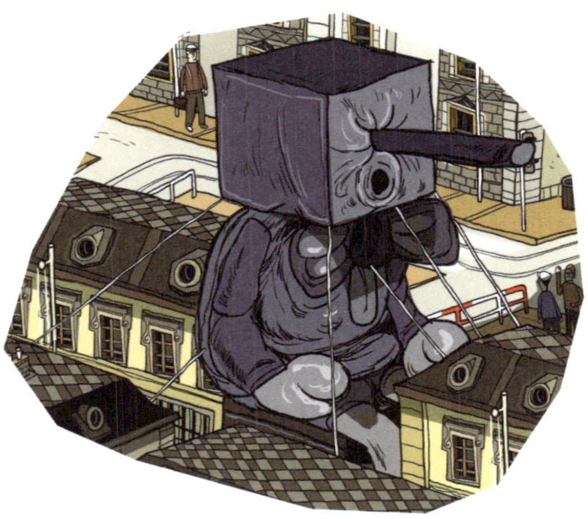

PAUL
McCARTHY,
BLOCKHEAD,
2003

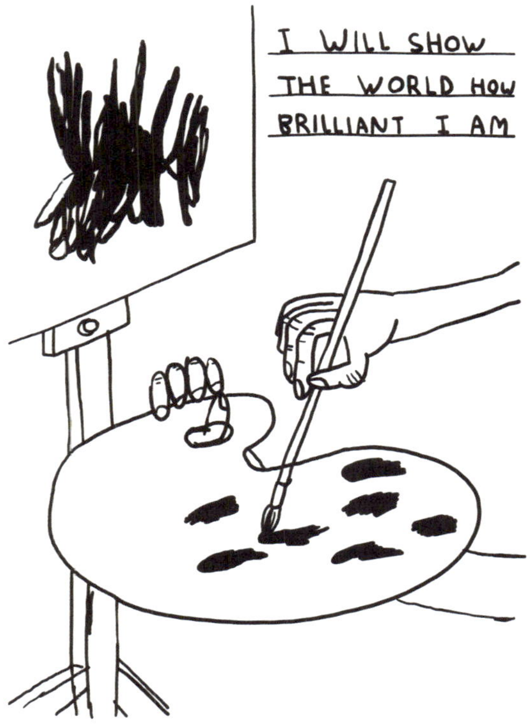

DAVID SHRIGLEY, UNTITLED (I WILL SHOW
THE WORLD HOW BRILLIANT I AM), 2014

MAURIZIO CATTELAN,
L.O.V.E., 2010

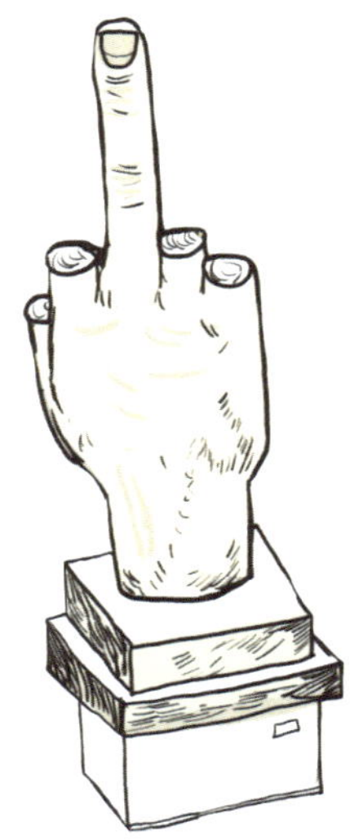

VENUS VON WILLENDORF,
25.000 – 29.000
JAHRE ALT

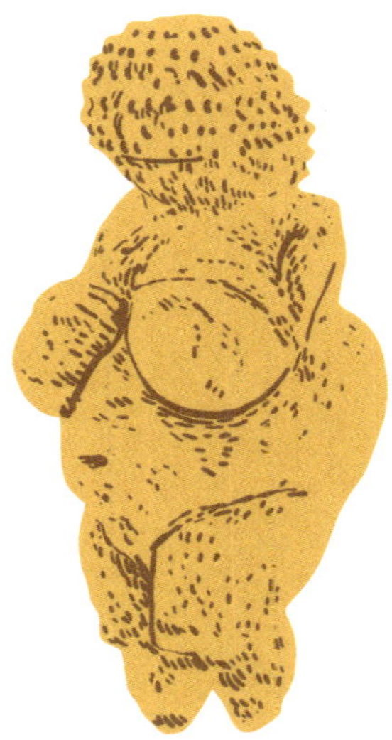

LEONARDO DA VINCI,
VITRUVIANISCHER MENSCH, 1490

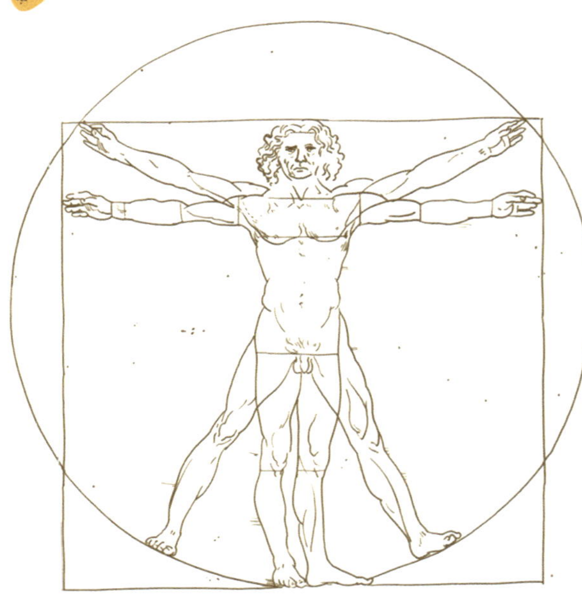

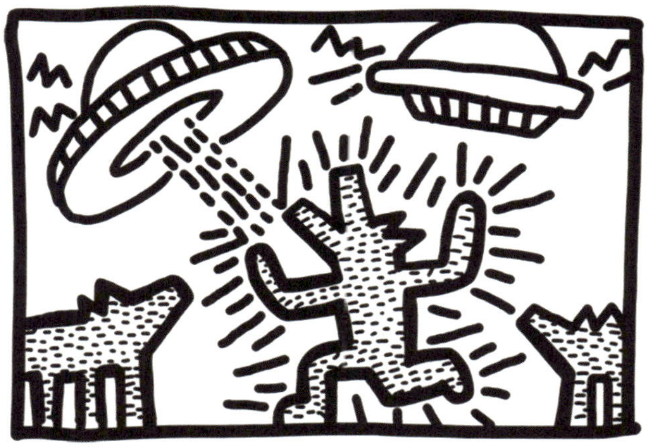

KEITH HARING, UNTITLED (DOGS WITH UFOS), 1982

OTTO DIX,
BILDNIS DER JOURNALISTIN
SYLVIA VON HARDEN, 1926

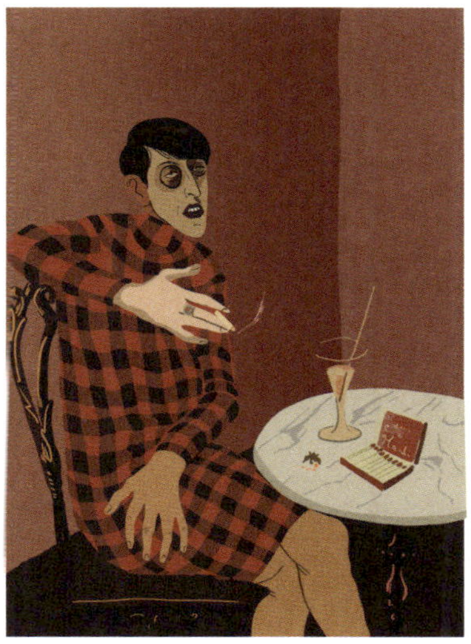

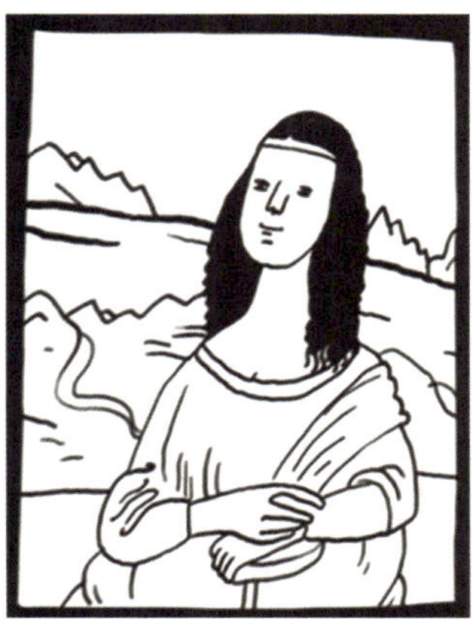

LEONARDO DA VINCI,
MONA LISA, 1503–17

BRAD DOWNEY,
KARTENHAUS, 2007

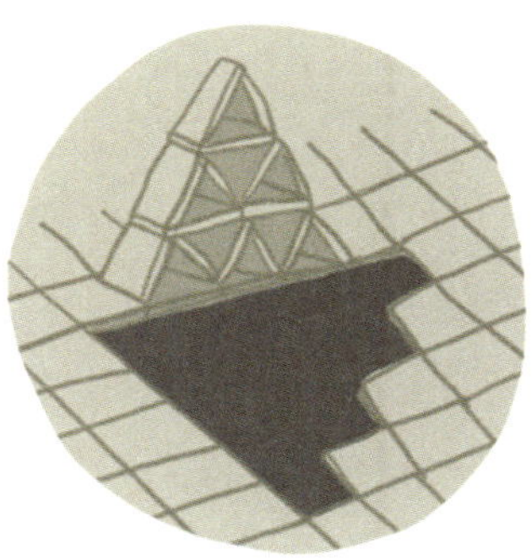

RICHARD SERRA,
5:30, 1969

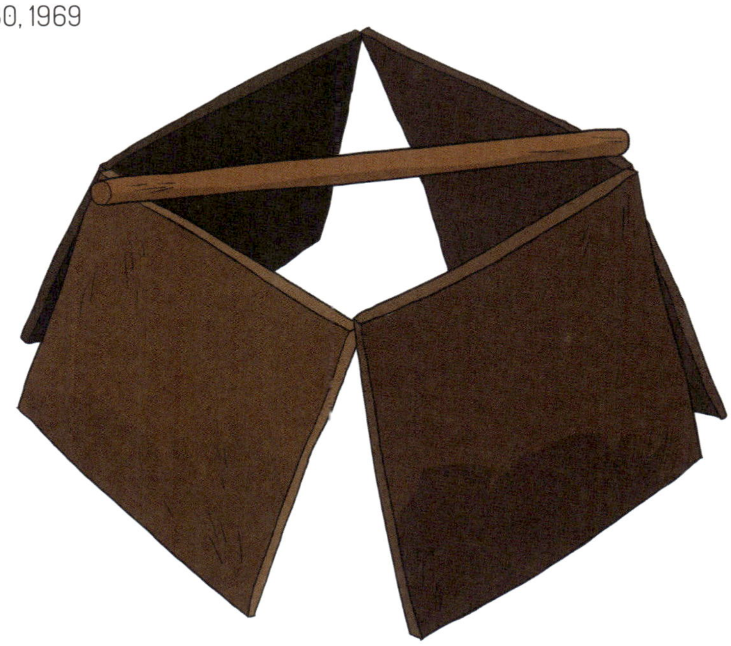

FERNAND LÉGER,
ÉTUDE EN BLEU,
OHNE DATUM

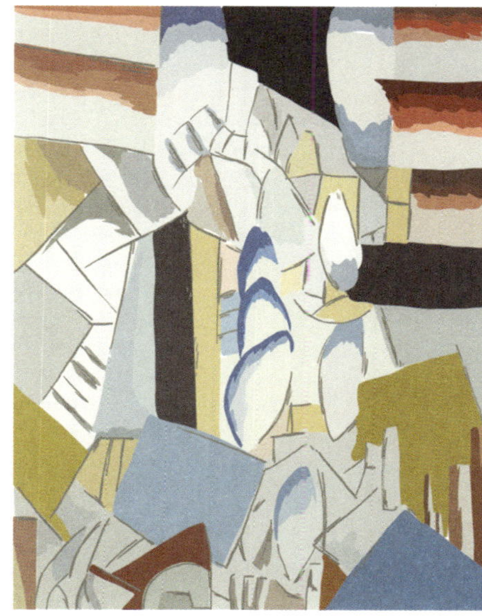

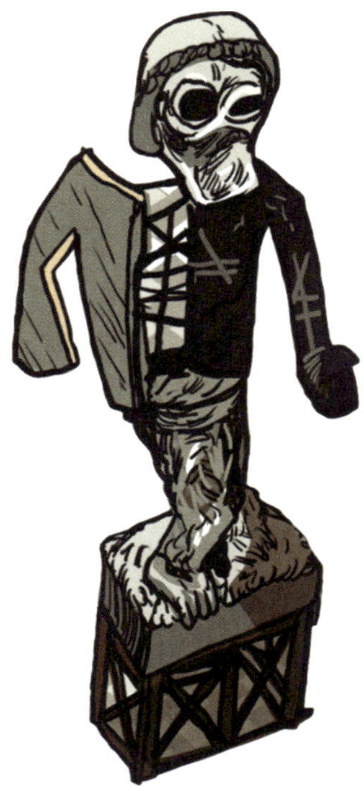

THOMAS HOUSEAGO,
L'HOMME PRESSÉ,
2010–11

OTTO GUTFREUND,
ANGST, 1911–12

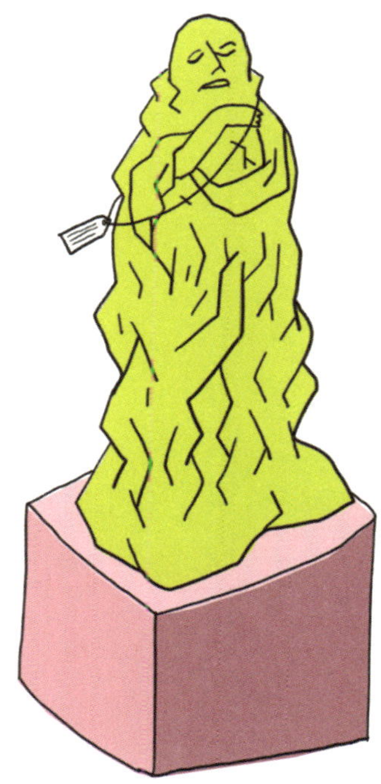

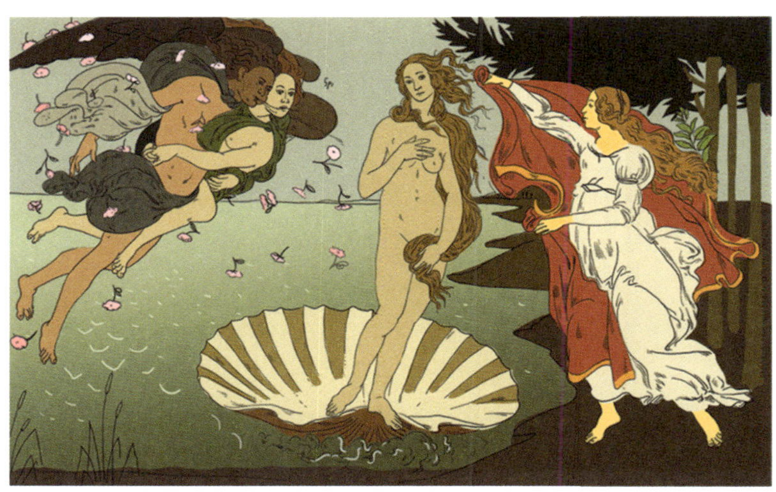

SANDRO BOTTICELLI, DIE GEBURT DER VENUS, 1484–86

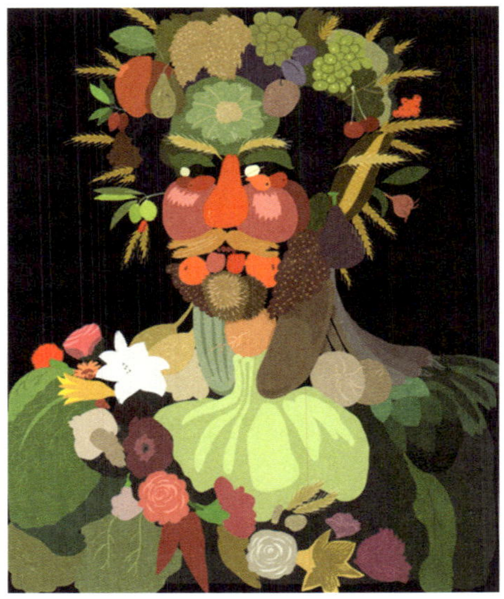

WIE OFT VERSTECKT SICH KAISER RUDOLF

IN DIESEM BUCH?

Ein Bild taucht in diesem Buch gleich mehrmals auf. Es wurde vom italienischen Künstler Giuseppe Arcimboldo für Kaiser Rudolf II. gemalt. Das Bild ist eine ausgeklügelte Spielerei. Auf den ersten Blick sieht es aus wie ein Wirrwar aus verschiedenen Blumen, Obstsorten und Gemüse. Wenn ihr genauer hinseht, werdet ihr aber feststellen, dass der Künstler daraus ein Porträt des Kaisers Rudolf II. zusammengebastelt hat. Kaiser Rudolf war ein Kunstliebhaber und schätzte Bilder, die aus einem gewitzten Einfall heraus entstanden sind.

Zu seiner Zeit konnte man noch frei über die Werke eines Künstlers verfügen. Aber ab dem 17. Jahrhundert begann man, das Urheberrecht zu schützen. Dieses Recht gewährt Künstlerinnen und Künstlern vielfältige Rechte, denen je nach Art des Kunstwerks eine unterschiedliche Bedeutung zukommt: Gemälde werden zum Beispiel häufig fotografiert und die Fotos dann irgendwo abgedruckt. Dafür muss nach dem Urheberrecht, das bis 70 Jahre nach dem Tod der Künstlerin oder des Künstlers gilt, eine Erlaubnis eingeholt werden. In Deutschland vertritt die VG Bild-Kunst die Urheberrechte vieler Künstler. Sie schließt mit Nutzern Lizenzverträge ab, sie überwacht den Eingang der vereinbarten Vergütung und verteilt sie an die Berechtigten.

WIE KOMMT DIE KUNST INS MUSEUM?

Ondřej Chrobák, Rostislav Koryčánek und Martin Vaněk
Aus dem Tschechischen von Lena Dorn

Die deutsche Ausgabe dieses Buchs wurde vom
Ministerium für Kultur der Tschechischen Republik gefördert.

Bibliografische Information der Deutschen Nationalbibliothek:
Die Deutsche Nationalbibliothek verzeichnet diese Publikation in der Deutschen Nationalbibliografie; detaillierte bibliografische Daten sind im Internet über http://dnb.d-nb.de abrufbar.

Originaltitel: *Jak se dělá galerie*
Konzeption: David Böhm, Ondřej Chrobák, Jan Press
Illustrationen: David Böhm
Gastillustrator: Jiří Franta (S. 22–25)
Autoren: Ondřej Chrobák, Rostislav Koryčánek, Martin Vaněk

2. Auflage 2018

Karl Rauch Verlag GmbH & Co. KG, Düsseldorf
Published by arrangement with B4U Publishing, member of Albatros Media Group
www.b4upublishing.com
Grafikdesign: Veronika Kopečková
Grafikdesign für die Ausstellung *Geheime Gärten*: Lukáš Kijonka
Architektonischer Entwurf des Museumsgebäudes: Svatoplik Sládeček – New Work
Fachkorrektur: Ondřej Jakubec
Übersetzungslektorat: Ondřej Buddeus
Satz: Sebastian Maiwind
Gedruckt auf chlor- und säurefreiem Papier und gebunden bei
Kösel GmbH & Co. KG, Altusried-Krugzell.
 Printed in Germany

ISBN 978-3-7920-0368-8
www.karl-rauch-verlag.de

Autoren und Verlag danken Ivan Teplanský und Amos software für die Leihgabe von Cynitqu, für zahlreiche Hinweise Dr. Frédéric Bußmann (Museum der bildenden Künste, Leipzig), Benjamin Dorr (Kunsthistoriker, Leipzig) sowie David Behning (Engelage und Lieder - Art and Advisory, Düsseldorf).

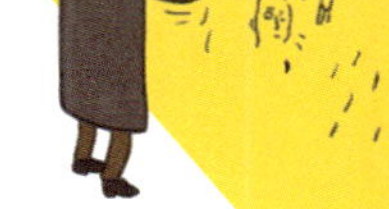